「私はできる！」が、あなたを変える！

株式会社Youme代表取締役
宮坂由見

あさ出版

「私はできる！」

プロローグ
自分を解き放ち、イキイキとした人生を！
――さあ、次はあなたの番です！

私は現在、「株式会社Ｙｏｕｍｅ（ユーミー）」という、年商10億円の化粧品通販会社を経営しています。

53歳で創業し、20年あまり。いろいろなことがありましたが、経営はおおむね順調で確実に成長してきました。

ただ、いきなり、その夢を実現させたわけではありません。

1冊のノートに〝自分の夢〟を書き、「私はできる！」と強く信じ、階段を一段一段上るように、あるいは雪玉を転がして少しずつ大きくするるように、自分の夢を叶えてきたのです。

本書を手に取ってくださった皆さんは、

「自分を変えたい！」

「今の状況を変えたい！」

「自分の夢を実現したい！」

と思いつつも、その一方で、

「でも、私には無理。何もできないし……」

と、すぐに首を横に振っている状況かもしれません。

――いいえ、それは違います。断言します。

あなたは、できます。あなたは、できる！

＊　＊　＊

「私なんて、何もできない」
↓
「私はできる！」

不思議なもので、夢をノートに書き出し、「私はできる！」と口にすると、目の前の風景は、ガラリと一変します。

「自分の夢は実現できる！」という気持ちになれるのです。

そして、実際に夢は実現していきます。


「でも、それは人を選ぶのでは？」と半信半疑の方もいることでしょう。

そんなことはありません。

夢をノートに書き出し、「私はできる！」と口にすれば、誰でも変わり、道は広がっていくのです。

私は今まで、自分自身を含め、そんな人たちを何人、何十人、数えきれないほど見てきたのですから。

＊　＊　＊

私は現在、定期的に「人生勝ち逃げセミナー」という〝自分の夢を実現させるため〟のセミナーを1回2千円ほどで開催しています。

これまでの参加者は2千人以上にのぼりますが、募集後すぐに定員に達してしまうことも珍しくありません。

このセミナーで私は、参加者が「私はできる！」と思えるようになるメソッドを包み隠さず、お伝えしています。さらに、夢を実現させるためには、どのようなアクションを取ればいいのかも、自分の経験をもとにお話ししています。

セミナーに参加したことで、自分の夢を実現させたり、自分の生き方を変えたりしている人は少なくありません。

ではなぜ、私は自分がつちかったノウハウを伝えていこうと思ったのか。

それは世の中に溢れる〝自分の夢を実現させる系〟のセミナーに、違和感や嫌悪感を抱いていたからです。

それらのセミナーでは、１００万円程度の費用を取ったり、同じく高額な商品を売りつけるケースが多々見受けられます。

それで効果が出れば、まだいい。

しかしながら、その内容は薄く、〝誰一人として夢を叶えられない〟といっても過言ではないセミナーも少なくないのです。

そのようなセミナーは〝ひよこ狩り〟と表現されています。つまりは、右も左もわからない人たちを信用させ、高額なお金を巻き上げるのは、ひよこを捕まえるくらい簡単なことというたとえです。

「そんな、人の弱み――何より〝夢に付け込むセミナー〟になんて、時間を使い、高額のお金を払って行ってほしくない！」と心から思い、「『夢を叶えたい！』と願う方々のお役に少しでも立てれば！」と、セミナーを開催し続けているわけです。

ただ、セミナーという限られた機会のみではお会いできない方、今の状況では私の思いをお伝えしようのない方も多くいらっしゃいます。

そこで、本書を書くことで、皆さんを「私はできる！」と思える人生に誘えるように、その方法を伝授していこうと考えました。

さらに、実際にどのように夢を実現させていくのか——そのステップについても、「人生勝ち逃げセミナー」での内容を軸にしつつ、詳しくお伝えしていきます。

さぁ、皆さん。

この本を読んで、自分を解き放ち、イキイキとした人生を手に入れてください！

合言葉は、たった一つ。

「私はできる！」

CONTENTS

4章

夢を叶えるために必要なこと
——余計な〝雑音〟に惑わされないために

5章

どんな一大事も地球から見れば〝米粒〟——失敗するのは「あたりまえ」

エピローグ

企画協力：松尾昭仁（ネクストサービス）
プロデュース：中野健彦（ブックリンケージ）
編集協力：永峰英太郎
本文デザイン：ｍｉｋａ
特別協力：玉置見帆

1章

「私なんて」といわないで
——もっと自分に〝期待〟しよう!

「私なんて、何もできない」――そんなのずるい！

「私なんて、何もできない」――。
いろいろな女性たちと話していると、こんな言葉をよく聞きます。
「自分を変えたい！」と思っているけれど、もうあきらめたという人も多いようです。
この場合の〝何もできない〟理由は、

「子育てで忙しいから、できない」
「子どもを保育園に預けられないから、できない」
「お姑さんと同居しているから、できない」
「家族のことが最優先だから、できない」

「自分が稼いだお金で生活していない」

「特に秀でたところがない」

「できないと守ってもらえる」


などなど多岐にわたるようです。

もちろん、それぞれの人や家庭により、さまざまな事情はあるでしょう。

ただ、そんなふうに考えている女性に、私はこういいたいのです。


「なんてもったいない!」

「何もできないなんて、そんなのウソ!」

「それって、ずるい!」

本当に**「私なんて、何もできない」**と思っているとすれば、なんともったいないことでしょうか。そんなに**自分で自分を見くびってしまうなんて、自分に失礼なことこのうえない**ではありませんか。

特に、グチや文句をいいながらも、まわりに経済的にも精神的にも依存している人を見ると、「ずるいなぁ」「甘えているなぁ」と思ってしまうのです。

あえて自分でやらなくても、夫や両親など頼る存在もいるし、日々の生活は十分成り立っている。だから、「このままでそれなりに生きていけるのであれば、少々不満をいいながらでも、自分を変える必要はない」と思っているのかもしれません。

現状維持ならば、とりあえずは余計な波風も立たないでしょう。

それが、いわゆる「フツー（普通）の生き方」かもしれません。

でも、**それで果たして本当に満足できますか？**

この生き方には「自由」がありません。

多くの場合、何かをしたいときには、頼っている誰かに「お伺い」を立てなくてはならないからです。

夫に金銭的に頼って生きると、夫の給料だけで生活することになります。

そうすると、自分の買い物をするときにも、何となく引け目を感じるというのはよく聞く話です。

もちろん、家事や子育てをしているのですから、引け目なんて感じる必要は、まったくありません。それでも「お金を稼いでいるのは夫」ということで、どうしても夫に対して引け目を感じ、気を遣うようになるのではないでしょうか。

たとえば、私の友人は無駄遣いをしていないか、夫に冷蔵庫の中身を常にチェックされているといいます。

そんな状態が長く続けば、心にダメージが積み重なってしまうでしょう。

現に彼女にとっては、それが大きなストレスになっているのですが、「仕方のないこと」とあきらめてしまっています。

私はここであきらめてほしくないのです。

なぜなら、**「私はできる」と信じ、〝フツーの生き方〟から脱却することで、毎日のこのような〝ストレス〟や〝もやもや〟から解放されると身をもって経験してきたか**らです。

せっかくの人生、〝年相応〟より〝年不相応〟

「フツーの生き方」をやめると、毎日は刺激に満ち溢れ、いろいろなことが起こります。楽しいことばかりではなく、ときには困難もまた、立ちはだかります。

でも、その**困難は必ず乗り越えられます。一度経験すれば、次に起こった同じようなことが、〝大したことではない〟に変わっていく**からです。

それが理解できれば、**今やってきている困難は「自分を成長させるための大切な経験」**だと、とらえることができます。すると、心に余裕が生まれ、毎日の〝ストレス〟や〝もやもや〟はなくなっていくのです。

〝ストレス〟や〝もやもや〟を抱えながら、でもある意味では〝楽〟に生きてしまうと、何か困難が生じたとき、乗り越えることが難しくなります。

経験が少ないまま、歳を重ねてしまい、ちょっとした困難でも乗り越えられなくなってしまうのです。その状態はとても無防備で、いつも不安を抱えたまま、人生を送ることになります。

さらに、歳を重ねれば、重ねるほど、何かをするのがおっくうになるのは容易に想像がつくと思います。

そうなると、頭も使わなくなり、年相応どころか、実年齢よりも老けていきます。

そうした人をこれまで私は何人も見てきました。

私は、現在70歳を超えていますが、10歳は若く見られます。50代に見られることも多々あります。「皆さん、お上手」と思っていた時期もあったのですが、空港のイミグレーションではいつもパスポートと顔を何度も何度も見比べて確認されてしまうので、本当に実年齢よりだいぶ若く見えるのでしょう。

外国の空港などでは、何度もしげしげ見られたのち「この年齢はありえない!」といわれてしまい、行く先々で「若過ぎてごめんなさい!」となぜか謝っています(笑)。

これは〝お肌のお手入れ〟などの基本的なことはもとより、刺激的な毎日により感覚が研ぎ澄まされ、カラダの中の細胞が若くなっているからだと思います。

そうすると、顔や表情、考え方、所作など、あらゆる部分で若さが保たれるのです。

つまりは**「年不相応」**。

たった一度の人生。どうせ生きるのであれば、年相応よりも年不相応に、いろいろなことにチャレンジしたほうが楽しいと思うのは私だけでしょうか。

何歳だろうと〝遅すぎる〟ことはない

「でも、それは宮坂さんだからできるのでは」

よくいわれるのですが、違います。

誰もが「やろう！」と決めてしまえば、できるのです。


信じられないかもしれませんが、私はもともとか弱く引っ込み思案な性格でした。病気ばかりをしていて、熱が出ると両親に大事にされるので、それに甘んじている自分もいました。

まさに「私なんて、何もできない」と、ある意味、楽なほうに逃げていたのです。

その状況が一変したのが、小学3年生のときでした。

母が3か月間入院することになり、まだ幼かった弟と妹は祖母の家に預けられ、長女の私は父と二人で暮らすことになったのです。

学校から帰ってきても、料理や洗濯をやってくれる人は誰もいません。ですから、自分なりにできる範囲内で行っていきました。

まだ幼く、今までやっていない分、ずいぶん苦労しましたが、そんな日々が続く中、私はある事実に気づいたのです。


「私って、何もできないと思っていたけど、けっこうできるじゃん」


さらに「私なんて、何もできない」と楽なほうに逃げるよりも、「私はできる」と考えて生きているほうが、大変なことは多くても、よっぽど楽しいことにも気づいたのです。

今振り返れば、たいした料理を作っていたわけではありませんし、不十分だったことも否めないでしょう。

しかし、でき上がったときの充実感、父がおいしそうに食べているのを見るうれしさは、それまで経験したことのないものでした。

この気づきを得て、学校生活でも大きな変化が起こります。

引っ込み思案だった私は、学校で、自分で何かを主張することなんてありませんでした。いつも教室の片隅にいる――いるかいないかわからないような、そんな女の子でした。

しかし、家の手伝いをする中で自信を持つようになると、学校でもみんなの前で意見をいえるようになったのです。

そして、何事にも積極的に取り組むようになってからの私は、学校の成績もうなぎのぼりでした。

人間って薄皮をかぶっているのだと、私は思います。

今思うと、私は母から「か弱い女の子」といわれてきたことで、それが本来の自分であると思い込むようになっていました。

でも、それは〝薄皮〟をかぶった自分であって、母の入院をきっかけに「私はできるんだ！」と自信を持った途端、それが、ぴゅーっとはがれ落ちたのです。

そして、「明朗快活な女の子」が、姿を現しました。

「私はできるんだ！」という自信が、私の薄皮をはぎ取ったのです。

無事退院した母は、学校に呼ばれた際、先生から「あなたのお子さんは、とても活発に過ごしていました」といわれて、びっくりしたそうです。

母は私にこういいました。

「そんな（明朗快活な）子だとは思わなかったわ！」

この母の言葉は、かなり身近な存在である親と子でも、相手の本質をつかむのは難しいことを教えてくれます。

この本を手に取っている皆さんの中には、これまでの人生を振り返って、本当に「私なんて、何もできない」と思っている人もいるかと思います。

でも、今のあなたは、〝薄皮をかぶった状態〟かもしれません。

思い切って、その薄皮をはぎ取ってみませんか？

私はたまたま小学生時代に、薄皮がはがれましたが、そのタイミングは人それぞれだと思います。そして、〝遅すぎる〟ということもありません。

だからこそ、**何歳であろうと自分で自分をあきらめないで、まずはこう考えてほしい**のです。

「私はできるんだ!」

これが夢を叶える第一歩となるのですから。

私の出発点「アトリエもめん」

「私はできるんだ！」と自信を持った私は、高校までは順調でしたが、大学受験では志望校に全部落ちてしまい、大きな挫折を味わうことになりました。

さすがにひどく落ち込んでいると、両親や祖父母が、こう提案してきます。

「あなたの好きな美術の道に進んだら？」

私は昔から、絵を描くことが大好きでした。

父は厳格な人でしたが、不思議なことに、私が家の壁などに絵を描いても、叱ったりはしませんでした。だから自由に絵を描いていたのです。

「よし、美術系の学校に進もう」

大きな挫折をしたものの、何とか前に進む決心ができたのは、「私はできるんだ！」

という気持ちを持ち続けていたからだと思います。

学校在籍中には、二科展にも入賞し、自信を取り戻すこともできました。

そして卒業後、就職し、そこで出会った男性と社内結婚。出産を機に、会社を辞めて、子育てに入ります。

その後、しばらくは専業主婦として、ママとして、波風の立たない日々を送っていました。


でも、少しずつ、その生活に物足りなさを覚えるようになります。

「私はできるんだ!」と、自分に自信を持って仕事に取り組み、毎日精一杯がんばっていたので、ある意味当然だったのかもしれません。

さらに夫の給料をあてにして生活していることにも、違和感を覚えるようになります。会社員時代は自分で稼いだお金でしていたことを、夫にすべて委ねる生活に、引け目を感じていました。

もちろん、家事に精一杯取り組んではいました。教育も熱心に行い、子どもはのちに小学校受験をして国立の小学校に入学しました。

やるべきことに全力投球しつつも、当時31歳だった私は、専業主婦では満足できなかったのです。

何かをはじめることで、自分で稼ぐ方法を見つけたい。

自分にできることは何だろうか――。

そう考えたとき、会社員時代のある光景を思い出しました。

自分で作った洋服やリボンなどの小物を身に付けて出勤すると、同僚からの評判がよく、こんなことをいわれていたのです。

「その洋服を売ってほしい」

「そのリボンの作り方を教えて！」

「その洋服の生地はどこで手に入るの？」

「すごく洋服のセンスがいいね！」

実際にリボンを買ってくれた人もいました。

私は、ぱっとひらめきました。

「そうだ、布を販売しながら、女性向けに洋服などの作り方を教える店を自宅でやろう」

友人が自宅で、自作の洋服を販売していたことも、その一歩を踏み出す勇気になりました。自宅の一室であれば、子育てをしながら、お店を経営することができます。

思い立ったら、即行動です。

私は、独身時代の生命保険を解約し、そのお金を手に日暮里の問屋に行き、布を片っ端から仕入れたのです。


こうして「アトリエもめん」は1978年にオープンしました。

店舗は、自宅の1階に空いていた6畳間。

本箱に巻いた布を入れて陳列し、その布を使いながら、洋裁を教えたり、パッチワークを教えたり、あるいは手作りネクタイを教えたりしていったのです。

“他人のお金”をあてにしない

「夫のお金は使わない」――これが、お店を経営する際に私が決めたルールでした。

開店資金には自分の生命保険の解約金をあてました。

自分のお金であれば、自分の思うようにお店の経営ができますが、夫のお金を借りてお店を開けば、ずっと夫の意見に耳を傾けなければならないからです。

それは絶対に嫌だったのです。

そうなると楽しくないし、長続きもしないからです。

また、**身銭を切ることで、真剣度は違ってきます。**自分に負荷をかけるからこそ、その夢に向かって走れると、私は思います。

それは千円でも、1万円でも、100万円でも構いません。

いくらであっても、身銭を切ることで、真剣度が高まります。

夢は、他人のお金を借りて叶えるものではないのです。


自分のお金で経営するのであれば、夫の理解と納得が得やすい面もあります。

「自分のお金だし、子育てをしながら家でお店をやるなら、いいんじゃない？」――これが私の夫の言葉でした。


また、洋服を販売するのではなく、布を販売し、裁縫を教える店にしたのにも理由がありました。

それは、リスクを考えてのことでした。

洋服を作って販売した場合、その洋服が売れなければ、もはやどうすることもできません。

でも生地屋であれば、軌道修正は容易です。テーブルクロスにも、幼稚園バッグにもなります。売れ残っても、自宅の布団カバーとして使うこともできます。

さらに、女性向けの商売に目を向けたのは、私自身が女性であり、女性は購買意欲が高く、男性よりも洋服などに興味を持つ人が多いと思ったからでした。

私は現在、年商10億円の化粧品通販会社を経営していますが、その出発点は自宅の一角ではじめた「アトリエもめん」だったのです。

「自分の時間を自由に使いたい」

「私のアイデアはすばらしい!」「私はできる!」——そう自分で自分をほめて、その勢いでスタートさせた「アトリエもめん」は、順調に売り上げを伸ばしていきます。

お店の宣伝ツールは、私と子どもです。私が作った親子おそろいの洋服を私と子どもが着て、幼稚園などに行くのです。

そうすると、こんな声が飛び交いました。

「かわいい!」

「どこで買えるの?」

「私も作りたい!」

子どもを自転車に乗せて、近所の商店街をまわり、ビラを配ったりもしました。

その発想が目新しかったのか、宣伝がうまくいったのか、お店はますます繁盛していきます。

あるとき、お客様の一人が「センスのいいお店がある」と、とある雑誌に投稿してくださり、それがきっかけで、なんと3ページもの特集が組まれました。

今でこそ、主婦が開くお店は数多くありますが、当時は、ほぼない状態でした。それだけにメディアからも注目され、日本中から多くのお客様がご来店くださいました。

住宅街にある私の家のまわりには、いつもお客様の自転車がずらりと並ぶほどでした。

そうこうするうちに、私に新しい夢が芽生えます。

雨が降ったある日の昼下がり、店番をしていた私はこう思いました。

「今の仕事はちょっと違うかもしれない」

雨が降って、お客様が誰もいないにもかかわらず、店にいなければならないことに違和感を覚えたのです。

「これって、自分の時間を人に買われているのではないかしら」

当時、子どもは幼稚園に行くようになり、同居していたお姑さんが店番をしてくれることもあったので、常にお店にいる必要性が薄れていたことも、新しいことにチャレンジしたい気持ちを強くさせたのかもしれません。


「自分の時間を自由に使える仕事がしたい」――。

これが私の新しい夢になりました。


ある日、喫茶店で友人に「ネットワークビジネスに興味はない？」といわれます。チームを構築し、洗剤などの日用品をメンバー全員がそれぞれのお客様にセールスしていく仕事を紹介されたのです。でも、そのときは「洗剤なんて、どれでもそんなに変わらないよね」と思い、それが仕事になるとは思えませんでした。


半年後、その友人と再び会ったとき、こう聞かれます。

「結局、例のネットワークビジネス、やったの？」

「やってない」と答えると、彼女はこういうではありませんか。

「そうなんだ。もしやっていたら、今の私よりも大きく稼いでいたのにね」

彼女はカレンダーの裏に書かれた、自分が築いた自分のチームの図を私に見せて、こういいます。

「もし半年前にやっていたら、あなたは、もっと大きなチームを築けていたのに……」

おそらく彼女は、私の「アトリエもめん」の実績を見て、私にはビジネスの才覚があると思ったのでしょう。

私にスイッチが入りました。

「アトリエもめん」の売り上げが順調だったこともあり、私は、お店の経営をお姑さんに任せ、このネットワークビジネスに挑戦することに決めます。

私は階段を一段上がったのです。

結論からいうと、このビジネスでもかなりの成績を上げることができました。

もし「アトリエもめん」でつちかった人脈や、仕事に対する自信がなかったら、私は決して、このネットワークビジネスに手を出さなかったでしょう。

ただ、このビジネスを続ける中で、同じくこのビジネスにたずさわる人の多くが、あまりいい成績を上げられないでいることが気になったのです。

そして、あるとき私は不安な気持ちを抑えきれなくなります。

「私だけが成功して、ほかの誰もが成功しない。そういうビジネスはこの先、私自身も苦労するはずだ」

そして、私はこのネットワークビジネスをやめる決意をします。

53歳にして法人「Ｙｏｕｍｅ」設立

この先、どんな道にかじを切ろうか。

ネットワークビジネスをやめ、そんな考えを巡らせているとき、ある知人男性から「海外化粧品（フェイスパック）の代理店になりませんか？」という話が舞い込んできました。

当時（２００１年）、フェイスパックは日本にはあまり出回っていない状態で、私は大きな興味を覚えたのです。

しかしその後、事態は急転し、代理店の話は立ち消えになり、「販売元になってほしい」という話に変わったのです。

そうなるとリスクは増えます。

しかし「アトリエもめん」やネットワークビジネスで、ある程度の貯蓄ができていたこともあって、私は決意しました。

「失敗しても大きな負債を抱えるわけではない。私はできる! 挑戦しよう!」

私がまた一段、階段を上がった瞬間でした。

こうして**私は、53歳にして、有限会社Youme(現・株式会社Youme)を設立します。私の名前の「由見」から取った会社名です。「夢」という意味合いもあります。**

フェイスパックの販売を打診してきた知人男性をスタッフとして雇い入れ、船に載せられて商品が届き、それが事務所の床から天井まで重ねられたとき、「これをどうやって売ればいいのだろう?」と途方に暮れたことを、今でもはっきり覚えています。


販売方法には、CSチャンネルのテレビショッピングを選びました。

生放送に私が出演しましたが、これがまったく売れません。

フェイスパックの知名度が低く、いくらその効果を伝えても、視聴者の購買意欲を高めることができなかったのです。

不幸中の幸いだったのが、テレビショッピング自体がスタートして間もない頃で商品がまだまだ少なく、テレビ局が根気よくフェイスパックを取り上げ続けてくれたことでした。

ある日、私がテレビショッピングに出演できない日があり、スタッフの男性に出演してもらうことになりました。

ただし、効果を伝えるだけでは、売り上げが伸びないことはわかっています。もっと違う見せ方で、視聴者の心をつかまないとダメだ。

一度派手にやってみようかしら――。

ここで私は一計を案じ、彼にこう提案したのです。

「顔をパックで真っ白にして、出ちゃいなさいよ」

ノリのいい彼は、その提案に飛びつきました。

顔を真っ白にパックして画面に登場したところ、それが大反響。

1時間で、1千万円を売り上げることができたのです。

その後、売り上げは右肩上がりの状態が続きました。

ところが2004年、フェイスパックの輸入元の社長が、私の会社との契約を急に解除します。予想以上に売れたことで、その社長は、私の利益分がもったいないと感じたのでしょう。

月商1千万円の商品だっただけに、私の落ち込みは相当なものでしたが、ある知人にこういわれます。

「一番いいときに手を離したじゃない」——。

この化粧品はすでにピークを迎えており、今後は落ち目になっていくだけ。その姿を見ずにすんで良かったじゃないの、というわけです。

私は「そうよね、確かに」と素直に思いました。

実際、私との契約を解除したその社長は、テレビショッピングなどで果敢にセールスを行ったようですが、まったく売れずに、すぐに撤退することになります。

彼は、**フェイスパックの効果だけを伝える手法で宣伝をしていましたが、やはりそれだけでは、売り上げを伸ばすことはできなかった**のです。

「この商品が売れなければ、どんな商品も売れない！」

フェイスパックの契約解除の後、３６０度毛がついている「コロコロ歯ブラシ」を扱うことになり、この商品もかなり売れたのですが、その製造先が倒産。

これを機に、スタッフだった知人男性は「今度は自分の力で通販をやってみたい」と独立しました。

そんなある日のこと。知り合いの税理士がこう打診してきたのです。

「ルーマニア国家が製造している化粧品があるけど、興味はありませんか？」

聞けば、その化粧品はルーマニアが国家プロジェクトで作ったものだというではありませんか。

フェイスパックの販売を行ったことで、私は化粧品という商材に大きな魅力があることに気づきました。

「アトリエもめん」を運営しているときに痛感したのは、生地という商材は、四季に左右されるということでした。冬はどうしても苦戦が強いられます。

しかし、化粧品は女性が毎日使うもので、季節を問いません。

さらに生地と比べて、ニーズはかなり高い。ほとんどの女性がターゲットとなりえます。それに輪をかけて、女性の購買意欲は、男性よりもはるかに高い。

お客様に「この化粧品を使ってみたい!」と思わせることさえできれば、買ってもらえる確率はかなり高まる——そう思いました。

もっといえば、利益率の高さも魅力でした。

ですから、この話を聞いた私は確信したのです。


「絶対に売れる!」

「ルーマニアの国家プロジェクト」というキーワードは、「肌に優しい」「どんどん若返る」といった宣伝文句よりもはるかにお客さんを引き付けると、確信したからです。

この商品が売れなければ、どんな商品でも売れないと、思ったほどです。

その仕入れ額は8千万円でした。

「アトリエもめん」をはじめる前であれば、決して手の出せない金額です。「アトリエもめん」が軌道に乗り、ネットワークビジネスに乗り出した頃であっても、決して手の出せない金額です。

しかし、フェイスパックやコロコロ歯ブラシの販売で、ある程度の成功を収めた後では、この金額は手の届く範囲内になっていました。

また次の階段を上ったわけです。

一段一段と階段を上がることで、資金面での余裕が生まれると同時に、アイデアについても、次々に浮かんでくるものなのです。

そうして、この商品もまたベストセラーとなったのでした。

2章

今日も楽しむ、明日も楽しむ
――あなたの夢はなんですか？

言葉には言霊が宿っている

ここまで私のヒストリーを紹介しましたが、いかがでしょうか。

私のこれまでの道のりは、「私はできる！」と自分を信じ、一つひとつ階段を上っていった結果だということが、おわかりいただけたのではないでしょうか。

それを通して、私が皆さんにお伝えしたいことはただ一つ。

夢は一歩ずつ、叶えていくものだということです。

仕入れ額8千万円、あるいは年商10億円といった数字だけを見ると、ド派手に大博打でも打ったかのようですが、そんなことはないのです。

そして**「私はできるんだ！」という強い気持ちがあれば、最初の一歩は簡単に踏み出すことができる**のです。

逆にいえば、「自分を変えたい」「現状を変えたい」と思うのであれば、その一歩を踏み出すためには「私はできるんだ！」という思いは不可欠です。

ですから、**まずは「私なんて、何もできない」という言葉を、今日から封印**してください。

皆さんは〝言葉〟の大切さを、どのくらい理解しているでしょうか。

「私はできる！」と口に出してみてください。何度も何度も。

「私はできる！」「私はできる！」「私はできる！」――。

根拠はないものの、何となく「私はできる」という気持ちになりませんか？

それは言葉に力があるからです。

〝言霊〟

皆さんも一度くらいは、この言葉を耳にしたことがあると思います。

言霊とは、言葉に宿っていると信じられている不思議な力のこと。

言葉を口にすることで、言霊がパーッと放たれ、自分に跳ね返ってくる——そう私は思います。

さぁ、もう一度、

「私はできる！」

と口に出してみましょう。

言霊は、私たちが口に出すあらゆる言葉に宿っています。ということは、ネガティブな言葉にも宿っていることになります。

多くの皆さんは、これまでの人生でネガティブな言葉のほうを多く口にしてきたのではないでしょうか。

しかし、それでは、どんどんマイナスの方向に、人生が寄って行ってしまいます。

「私なんて、できない」

そう口にしてしまえば、それが言霊となり、本当に自分はできないと思うようになっていきます。

「お金がない」

そう口にしてしまえば、それが言霊となり、本当にお金はなくなっていきます。

そうしてネガティブな言葉を口にし続けると、負の連鎖で人生全体が澱んでいきます。行動は鈍くなり、健康でもなくなり、どんどんネガティブな人間になっていってしまいます。

これでは、いくら「私はできる！」と前を向こうとしても、ネガティブな言霊が邪魔をして、後ろへ、後ろへと、向かってしまいます。

それだけに普段の生活の中でも、ポジティブな言葉を口にすることがとても大切になります。

今日この時点から、ネガティブな言葉を口に出すのは禁止です。

ネガティブな言葉を一切口にしなくなったとき「私はできるんだ！」が、どんどん加速していきます。

「あなたに会うと元気になる」といわれる理由

私には、「私はできる！」以外にもう一つ好きな言葉があります。

それは、**「大丈夫！」**です。

なんてポジティブな言葉でしょうか。

何が起こっても「大丈夫！」と口に出すと、心の中がぱっと明るくなります。

「私は絶対にできる」「うまくいく」という気持ちになり、ポジティブな毎日を送ることができるようになります。

ポジティブな言葉を口に出すときは、表情も大切です。にっこりとした表情で「大丈夫！」といえば、鬼に金棒です。

皆さんは、どんな言葉が好きですか?

「すごく楽しい!」
「うまくいく!」
「前を向こう!」

そう、その調子です!

自分なりのポジティブな言葉を見つけて、それを口グセにしましょう。

私がポジティブな言葉を口グセにしはじめたのは「アトリエもめん」を開業した頃から。つまり40年もの間、私は「大丈夫!」といい続けていることになります。

マイナス思考が入り込む余地なんて、まったくありません。

そして、**ポジティブな言葉は、自分だけではなく、相手にも投げかける**ようにしましょう。

私は人に会ったり、お客様に会ったりするときには、いつもほめることを心がけています。

「お洋服の色、素敵ですね」

そういわれた瞬間、相手の心は変わります。

「そうかしら」となり、そこからの会話はポジティブに進みます。

「この洋服に、こんなアレンジしたら、もっと素敵になるかも」

「そうかしら。今度やってみます！」――。

ポジティブな言葉を投げかけると、相手は笑顔になり、それを見ているあなた自身もうれしい気持ちになります。

そして、相手のエネルギーがあなた自身にも伝わるのです。

人から得られるエネルギーのパワーって、とても大きいと私は思います。

自分自身がポジティブな言葉を発するよりも、強力な言霊となって、あなたの心を包み込みます。

相手をほめるときは、相手の名前をしっかり呼ぶことも大事です。

皆さんも、相手から自分の名前を呼んでもらえるとうれしい気持ちになりますよね。「○○ちゃんのお母さん」でもいいけれど、その人の本名で「○○さん、今日は洋服が素敵！」と声をかければ、相手の心は、さらにフワッといい気持ちになるはずです。

そうすれば、あなたがその人から得るエネルギーのパワーは、さらに大きくなるのです。

もし、相手が落ち込んでいても、あえてそのことを持ち出して話す必要はありません。どうしてもネガティブな言葉になってしまうからです。

「大変だったね。気落ちしないでね」なんて言葉よりも、「そのお洋服、似合っていてとても素敵ね！」など、もっと違う角度からほめることが大切です。

私は人からよく**「宮坂さんに会うと元気になる」**といわれます。

それは、落ち込んでいる相手に対して、元気になる言葉をかけているからだと思うのです。

こうして相手をほめていくと、あなたを取り巻くコミュニティは、いつも明るい雰囲気になります。ほめられた相手も、それに感化されて、まわりをほめるようになるからです。

当然、人間関係もよくなります。

そんなコミュニティの中で過ごしていれば、よりプラス思考になっていき、「私はできる」という気持ちは、どんどん現実味を増していきます。


人間関係を悪くする大敵である「嫉妬」も、プラスに変えて、相手に投げかけることが大切です。

人間というのは、どうしても相手に対して、嫉妬心を抱いてしまう弱さを持っています。

たとえば、ママ友の旦那さんが超一流企業に勤めていたら、「うらやましいな」という気持ちになってしまうものです。嫉妬心をそのまま放置すると、隠しているつもりでも言動から相手の察するところになり、人間関係がギクシャクすることも……。

そんなときは、「すごい会社にお勤めですね！」と素直な気持ちでほめましょう。

ほめられれば、相手は気分をよくします。そして、相手のいい気持ちは、あなた自身にも跳ね返ってきます。

相手をほめることは、自分の嫉妬心を消すための最大の武器でもあるのです。

こうして明るいコミュニティができ上がると、ネガティブに生きる人は、近づいてこなくなります。ポジティブな気持ちを持った人だけが集まってくるので、空気はどんどんよくなります。

前に進む？　進まない？

もうおわかりでしょう。

「子育てで忙しいから、できない」
「子どもを保育園に預けられないから、できない」
「お姑さんと同居しているから、できない」
「家族のことが最優先だから、できない」

これらの言葉とは、今日この時点で、さようなら。
そうして、こう思うようにしてください。

「子育てで忙しいから、できる」
「子どもを預ける場所がないから、できる」
「お姑さんと同居しているから、できる」
「家族のことが最優先だから、できる」

実は私が自宅で「アトリエもめん」のお店を立ち上げた理由の一つに、子どもを保育園に預けることができず、私が家にいる必要があったこともありました。

さらに、お姑さんも家に同居していたのは先にも書いた通りです。

私はこう考えました。

「お姑さんがいて、家で子育てをする必要がある。だからこそできる。だからこそやりたい！」

「たられば」の話になってしまいますが、もし子どもを保育園に預けることができていたら、私は、自分で事業をはじめず、外に働きに出ていたかもしれません。

だとすれば、今の私はなかったでしょう。

「できる」と「できない」は、その〝理由〟にしている事柄は同じです。

ただ、**「できない」は、前に進まない言葉**です。

「できる」は、前に進む言葉です。


であるならば、「できる」という意識を持ってしまいましょう。


自分の意識を「できない」から「できる」に変えることは、男性よりも女性のほうが得意だと、私は思います。

ここに「おもしろい形をしたチョコレート」があるとします。

このチョコレートを見たとき、男性は最初に「なんでこんな形なんだろう」と、理論的に考えようとしがちです。

そうして理詰めで納得しないと、先に進まないことが多い。

せっかくのチョコレートのおいしさを味わうにも、時間がかかってしまうのです。

「できない」から「できる」に意識を変えるにしても同じで、理論的に納得しないと、頑なに状態を変えません。

だから「できない」のままです。


これに対して、女性は理論よりも感性が働く人が多いので、簡単に変わることができます。おもしろい形のチョコレートがあっても、すぐに口に入れて「これ、おいしい！」となります。形について考えることがあっても、まずは味わってから。

意識についても「変えてごらん」といわれれば、その感性と感覚で瞬時に変わることができるのです。

これで、「女性だし……」といい訳はできませんね（笑）。

「女性だからこそ、できる！」

さあ**「私にもできる！」と、声に出していってみて**ください。

あなたの〝いいところ〟は何？

「私にもできる！」と、口に出したら、次は自分のいいところ——つまり〝強み〟や〝人にほめられること〟や〝得意なこと〟を挙げていきましょう。

私が「アトリエもめん」のお店をはじめたのは、自分で作った洋服や小物類の評判が良かったことが理由の一つであったのは、先にも書いた通りです。

つまり、私の場合でいえば「作り出すアイデアを形にするのが得意」「洋裁が好き」が、自分のいいところです。

皆さん、いかがでしょうか。

「うーん」と固まってしまった方もいるかもしれませんね。

それは、これまでの人生で「自分のいいところ」をリストアップした経験がないからです。

私たちは、自分の悪いところはつらつらと考えるのに、自分のいいところを考えるクセがついていません。

それって、とても寂しいことだと思いませんか？

悪いところをリストアップしても、反省ばかりになって、なかなか前に進むことはできません。

いいところを見つければ、それが自信になります。

「私にもできる！」という気持ちを、加速化することができます。

だったら「自分のいいところ」を考えたほうが、いいに決まっています。


いいところを探すときのポイントは、「あまり大きく考え過ぎないこと」。


「笑顔がかわいい」

「目がキレイ」

「笑い声がいい」

そんな些細なことでいいのです。

とびぬけてすごいことは何かと考えはじめてしまうと、なかなか思いつけなくなってしまいます。

過去を振り返ってみてもいいでしょう。

高校時代に部活のリーダーをしていたのであれば、人をまとめることが好きなのかもしれません。

ずっとペットと一緒に暮らしてきたのであれば、ペットに関する知識が豊富かもしれません。

自分で思いつかなければ、身近な人に聞いてみるのもいいと思います。

私自身も「デザイン・創作が得意」というのは、会社員時代に同僚にいわれたことで、それが気づきにつながりました。

自分では普通に行っていることが、他人から見たら際立っていることって、たくさんあるのです。

たとえば、ネイルアーティストに「爪がキレイ」といわれたら、それをリストアップしましょう。

「自分のいいところ」は、いくつ挙げても構いません。

いかがですか？

「自分のいいところ」はリストアップできましたか？

そうしたら、その「自分のいいところ」を眺めてみましょう。

なんだか、うれしい気持ちになりませんか？

自分を知ることが、幸せをつかむはじまりなのです。

今できることは、今すぐやろう

「私はできる！」という気持ちを、さらに高めるために、普段の生活でも心がけたいことがあります。

〝今できることは、今すぐやる〟という心がけです。

何か頼まれ事をしたとき、こんなふうに自分を甘やかしたことはありませんか？

「まぁ、明日でもいいや」

やらなければいけない物事の内容が、些細なものである場合は、特に先送りしがちです。

たとえば、洗い物や洗濯。

「今日は面倒だから、明日やる」と、先送りしていませんか？

物事というものは、先送りすればするほど、ハードルが高くなります。やらなければならないという気持ちがプレッシャーになり、どんどんおっくうになっていくからです。

洗い物などの小さなタスクでも、放っておくと、「やらなくてはなぁ」という嫌な気持ちを心に植え付けることになります。

そうしていつのまにかタスクがどんどん増えていき、心はおだやかでなくなっていきます。そうなると、気分にムラが出て、平常心ではいられなくなります。

これでは、気持ちはネガティブな方向に向かうだけです。

平常心でいられないと、ちょっとしたことにも、イラっとしてしまいます。

今日のことは、今日さっさと片づけてしまえば、タスクのない状態で、次の日を迎えることができます。いつも平常心のまま、ということになります。

私は母によく「あなたはいつも同じトーンで電話に出るわね」といわれました。

当時、私はお姑さんと一緒に暮らしていたため、いつも平常心なのが不思議だったようです。

なぜ平常心を保てたのか。

今日のことは、その日のうちに片づけていたからに、ほかなりません。

多数のタスクを抱えていたら、怒った口調で電話に出てしまうこともあったはずだからです。


さらに、「今できることは、今すぐやる」を続けていくと、もう一つうれしい変化が起こります。

人は、ずっと生きてきた中で、いつのまにか〝クセ〟が身についてしまっているものです。まるで形状記憶装置のように、そのクセは、その人の生き方を束縛します。

そのクセを治すには、自分自身を洗濯機にかけ、アイロンがけをするような、荒療治が必要になります。

この荒療治に「今できることは、今すぐやる」が、とても効果を発揮するのです。

人は、どうしても楽なほうに逃げようとしがちです。

そこで**半ば強引に「今できることは、今すぐやる」を実践することで、自分のクセを是正していくことができる**わけです。

そして、**タスクを抱えずに、その日を終えたら、こう言葉にしてから眠ってください。**

「今日はいい一日だったな」

もちろん、生きているのですから、ツイてない一日もあるでしょう。何となくつまらないと思う一日もあるはずです。それでも「今日のことは、今日片づけた」のですから、トータルで見れば、今日はいい一日だったと、前を向けるはずです。

「今日はいい一日だったな」と、口にしましょう。

今できることは、今すぐやる。

このことを繰り返していくと、面白いように自分が変わっていくことを実感できるようになります。

3章

大丈夫！　何をしようが「自分の勝手」！
――あなたの人生はあなただけのもの

夢は〝具体的に〟考える

「ポジティブな言葉を口にする」
「今できることは、今すぐやる」
「『今日はいい一日だった』と口に出す」

この3つの取り組みを通じて、「私はできるんだ!」という気持ちが相当高まっていることと思います。

では、**夢を叶えるために、まずは自分の夢をリストアップ**していきましょう。
具体的にイメージできない夢は、決して叶わないからです。

私は、大量のお気に入りの服を保管するための、10畳以上のクローゼットが欲しかったので、2018年に自宅を建てなおしましたが、そのことを夢として以前からリストアップしていました。いつも頭の片隅に、その夢があったからこそ、実現しようと動くことができたのです。

もし、何となく「自宅のリフォームをしたいなぁ」くらいの気持ちだったら、今も手つかずのままだったと思います。

夢は具体的にイメージし、それをリストアップすることが大切なのです。

ただし、気をつけてほしいことがあります。

「現実離れした夢」「背伸びし過ぎた夢」は、ここでいう夢ではありません。

たとえば、私にとって「オリンピック選手になること」は、あまりに現実離れし過ぎています。もし、羽生結弦選手が「オリンピック3連覇が目標！」といえば、それは現実的でしょう。

1章でも触れましたが、子育てをする中で、夫の稼ぎだけに頼ることに我慢ができなくなった私は、自分でも稼ごうと決心をしました。

もし夫が交通事故などで他界したら、私の立場はどうなるだろう。お姑さんに家を追い出されてしまうかもしれない。だとしたら、追い出されてもいいような状態を作っておけば、安心して生きることができる——そんな思いもありました。

とはいえ、お金を稼ぐ方法は、限られています。

子どもを保育園に預けられなかった私には、「家で仕事をする」しか選択肢はありませんでした。

だからこそ私は「自宅の一室で布を販売しながら、女性向けに洋服などの作り方を教える店を運営しよう」と考えたのです。

このとき私が「実店舗を開く」という夢を口にしたなら、それは「現実離れした夢」だったかもしれません。

あるいは「背伸びし過ぎた夢」だといえるかもしれません。

無謀にもチャレンジしていたら、家族に迷惑をかけることになり、離婚されていた可能性もあります。

先にも紹介した私が現在開催している、起業家や若い世代に向けた「人生勝ち逃げセミナー」の参加者には、自分の夢を語ってもらうのですが、

「宮坂さんみたいに億万長者になる!?」

「月に200万円稼ぐ」

こんなことを夢として語る人が、本当に多いのです。

確かに、「私は、何でもできる」と思っていると、自然と自分でお金を稼ごうという気持ちにもなります。

自分のお金であれば「これが欲しい」と思ったものを、誰に気兼ねすることなく、買うことができるのでなおさらです。

自分で稼いだお金を、自分の自由に使う。

こんなうれしいことはありません。

ただ、何度もいっているように、私も最初から年商10億円の化粧品通販会社を経営していたわけではありません。

現実的なことをいえば、少額であろうともお金を稼ぐのは大変なことです。

それは、たとえばパートなどで1時間働いても、もらえるのは数百円だからということではありません。

仕事をすればやはりいい仕事をしたくなるし、「認められたい」「自分を生かしたい」と、工夫したりがんばったりするからです。

しかし、そうして**自分で稼いだお金を手に入れるのは格別のよろこび**です。

自分で稼ぐことができれば、そのお金を自由に使えるのです。稼ぐお金の大小なんて、関係ありません。

最初は1万円でもいい。数千円でもいい。

そして、**一段一段階段を上るように、地道にどんどん増やしていけばいい**のです。

もちろん最終的には「背伸びした夢」もOK！

その夢を叶えるために、何からはじめればいいのかを考えてみましょう。

そうすると、すっと気持ちが楽になり、具体的な夢になるはずです。

「棚からぼた餅」を期待しない

「棚からぼた餅」という言葉があります。

この世の中には、本当に「棚からぼた餅」を望んでいる人が多いこと、多いこと。

寝ているだけでうまくいけばいいとか、ただお金が欲しいとか……。

「棚からぼた餅」を望むのであれば、まずは「棚」を作る努力をしなくてはなりません。

「背伸びし過ぎた夢」を思い描くと、自分の資金内ではまかなえず、金融機関からお金を借りるといった事態に必ずなります。

また、ヘンな投資話にのってしまったり、詐欺にあったりする可能性も高くなるでしょう。

そんな家族まで巻き込みかねない危険な夢は、決して夢とはいえません。

誰かのお金を使って実現する夢も「背伸びし過ぎた夢」です。

いや、そんなものは夢とも呼べないものかもしれません。


背伸びし過ぎた夢は、経験値が追いつかないという、致命的なデメリットもあります。思い描く夢が大きければ大きいほど、それを叶えるためには、それ相応の経験値が必要になります。


たとえば、私は、フェイスパックの販売の主戦場として、CSチャンネルの生放送テレビショッピングを選びました。

化粧品をアピールする場として、最適だと思ったからです。

しかし、「アトリエもめん」をやっていた頃の私なら、躊躇していたと思います。

このアイデアは、スタッフの知人男性の発案だったのですが、それを聞いたとき、私に一切の躊躇はありませんでした。「社長が生出演するんですよ」といわれても、「任せておいて」という気持ちでした。一切、物怖じしなかったのです。

それはネットワークビジネスでの経験があったからです。

ネットワークビジネスでは、ある程度の成績を収めると、数千人を前にスピーチする機会が多くなります。

それを何度も経験していた私は、人前で話すことに慣れていたのです。数千人の目の前で話してきた私にとって、テレビの生放送なんて、まったく怖くありませんでした。

もし私が、テレビショッピングという選択をしなかったら、「男性スタッフがパックして、画面に現れる」というアイデアは生まれなかったはずです。

人前に出る経験を積んでいたからこそ、その選択肢をチョイスできる機会に恵まれたのです。

ルーマニアの化粧品についても、フェイスパックの販売経験がなければ、「ルーマニアの国家プロジェクト」という点を全面にアピールせずに、化粧品そのものの効果だけを訴えていたかもしれません。

そうであったら、この化粧品は売れなかったでしょう。

ただし、一つ誤解をしてもらいたくないことがあります。

それは「叶えるのが楽なことばかりを夢にすればいい」というわけではないということ。

確かに、決して叶えることができない、背伸びし過ぎた夢は思い描くべきではありませんが、簡単に叶えられる夢は夢ではなく現実であり、普段の生活の中で成し遂げられるものです。

私はまわりから、いつもこういわれます。

「毎日、優雅に生きていますね」

白鳥は、水面上は優雅な動きをしていますが、水面下では足をせわしく動かしています。

私も、そうなのです。

表面上は、優雅な姿に見えるかもしれませんが、誰も見ていないところでは、かなりせわしく働いてます。そうでなければ、夢は叶いません。

自分の夢をリストアップしよう

夢を叶えたいと思うなら、まずは自分の夢をリストアップしていきましょう。

1冊のノートと1本のペンを用意し、そこに箇条書きで叶えたい夢を書いていきます。

その夢は、ビジネスに関連するものだけに特化する必要はありません。

たとえば、買いたいものでもOKです。

私自身、思い描く夢は、ビジネスにつながるものだけではなく、72ページで紹介したように「大量のお気に入りの服を保管するための10畳以上のクローゼットが欲しい」というものもありました。

それも立派な夢なのです。

あこがれのブランドがあるものの、手にできなかったという人は「まずは、ポーチをお店で買う」でもよいのです。他人から見たら「簡単に叶えられる夢」だとしても、本人にとって叶えたいことであれば、それは立派な夢になります。
今までの生活にないものをリストアップすることが大切なのです。

「赤いブローチを買いたい」
「湘南に住みたい」
「中国語を学びたい」

自分自身を変える夢でも構いません。

「意地っ張りな性格を直したい」
「引っ込み思案な性格を変えたい」
「もっと笑顔で過ごしたい」

そして仕事に関する夢も書きましょう。

「ワイングッズのネットショップを経営したい」
「土日限定のパン屋さんを開きたい」
「絵の個展を開きたい」

夢を挙げていくと、何だか前向きな気分になってくるはずです。

夢を思い描くときは、2章でリストアップした「自分のいいところ」をチェックし、その「自分のいいところ」を取り入れることも大切です。

「自分のいいところ」を取り入れた夢は、実現する確率がかなり高くなるので、オススメです。たとえば、私の「アトリエもめん」の例もそうです。

では、ノートに並んだたくさんの夢のうち、どの夢から取り掛かればいいのでしょうか。私の場合は、その時点で〝一番不都合〟だと思えたことから、手を付けるケースが多いです。

たとえば、大量のお気に入りの服を保管するための10畳以上のクローゼットが欲しくて自宅の建て替えを行ったのは、まさに不都合だったからです。どの洋服が、どこに保管されているかがわからないことが多く、洋服探しに時間をとられていたのです。その不都合を改善したいと思ったのです。

もちろん、これは私のケースであり、皆さん、それぞれ「これを叶えたい！」と思う、その理由はさまざまでしょう。

「楽しそう！」と思えたことでもOKですし、「気にかかる」ことからでもOKです。「この夢のことを考えるとワクワクする」ということからはじめるのもいいでしょう。

自分の中で「まずは、これ！」と思える夢を導き出したら、マーカーなどで、ノートに書いたその夢を囲むなどして、目立たせてください。

そうして、**定期的に何度も何度も、その夢を眺めてください。何度も何度も、その夢を口に出してください。**

2章の冒頭で、〝言霊〟について触れました。「私はできる」と口にすることで、できる気持ちになるとお話ししました。

夢も一緒です。

言葉として、口に出すことで、その夢の実現に向けて、あなたは大きな一歩を踏み出すのです。自分だけでなく、友人にも「私、こんな夢があるんだ」と、口に出しましょう。その言葉は、人に対して発しているものでありながら、実は自分にいっているることにもなるのです。

こうしてノートに夢を書き、何度も見て、あるいは口に出すことで、気分は高まっていきます。

だから、何度も何度も口に出しましょう。
何度も何度もノートを見ましょう。

すると不思議なことに「この夢は実現できるんじゃないかな」と思えるようになり、実現する可能性は、十分高くなっています。

さぁ、夢を叶える準備は整いました！

夢を実現するのに「がんばる」必要はない

今、皆さんのノートには、さまざまな夢が書かれています。

それは些細な夢かもしれません。
お金を稼ぐための夢かもしれません。
自分の性格を変えるための夢かもしれません。

では、皆さんは「夢の実現に向けて、何をしますか？」と聞かれたら、どう答えますか？

「がんばります！」

厳しいことをいうようですが、こう答えた方は、おそらく夢を実現するのは難しいでしょう。

「がんばります！」は、遊んでばかりの小学生が「テストで100点取るもん！」といっているくらい、現実味がありません

また、夢を目の前にして、こう考える人もいます。

「夢を叶えるノウハウがわからない……」

実際、私のもとには、よく「事業を成功させるノウハウを教えてほしい」という問い合わせがきます。

しかし、ノウハウを聞いて、それで夢が叶えられるのであれば、みんな億万長者になれちゃいます。

そう思いませんか？

夢を実現させるには、常に具体案を見出し、それを実行し続けることが大切になります。

たとえば、手作りアクセサリーのネットショップを経営したいのであれば――。

「インスタグラムの動画で宣伝をする」

「近所の雑貨屋に商品を置いてもらう」

「サイトの更新を毎日行う」

「ママ友にチラシを配る」


など。


具体案を出したら、それをやり遂げる具体的な日程も決めてしまいましょう。

「6月10日までに、ママ友にチラシを配る」

といった具合です。


具体案を出して、それを実行したら、それだけで夢に一歩近づいたことになります。

「でも、その具体案がうまくいかなかったら、前進していないのでは？」

そう思う人もいるかもしれませんが、うまくいかなかったなら、「この方法で夢を実現させるのは難しい」と気づくことができたという意味で、一歩前進なのです。

もしかしたら、具体案を実行したことで、新しい気づきを得るかもしれません。

一つ具体案を実行したら、次の具体案を練っていきましょう。

現在、私の会社では、ルーマニアの化粧品などの販売を行っていますが、主な販促活動はDMと電話で行っています。

当初は、テレビショッピングを販売促進の主戦場にしてきましたが、長く続ける中で顧客名簿が充実してきました。

今は、そうしたお得意様に向けて、定期的にキャンペーンなどのDMを発送するのが、販促活動の軸になっています。

さらに、そのDMが届いた頃合いに、電話を差し上げます。

「お葉書は届きましたか? こういうキャンペーンなんです」

と、より詳しくご説明するのです。

また、顧客情報から「そろそろお客様が化粧品を使い切る時期だ」と判明したら、電話でセールスすることもあります。

こうした販促方法は、さまざまな具体案を実行する過程で、たどり着いたアイデアです。実は、DMには私の写真を載せているのですが、これも私に一定のファンの方がついてくださるようになったので、はじめたことでした。

夢を実現するには「がんばる」といった抽象的な言葉ではなく、具体案を出して、実行していく――この過程を大事にしていきましょう。

これまで書いてきたことをふまえ、皆さんは「背伸びし過ぎた夢」を思い描いてはいないはずです。

資金が必要である場合でも、手持ちの資金内ではじめようとしています。

それゆえ、失敗しても、たかがしれているのです。

皆さんは、こういう気持ちで、夢に向かおうとしています。

「子育てで忙しいから、できる」
「子どもを保育園に預けられないから、できる」
「お姑さんと同居しているから、できる」
「家族のことが最優先だから、できる」

与えられた条件下で、最大限具体的にできることを考えてみればいいのです。

ちなみに、私はある程度の成功を収めてきたと自分でも感じてはいますが、そのノウハウに汎用性はありません。

フェイスパックは、テレビショッピングを軸に販売していきましたが、現在、テレビショッピングはチャンネル数も多く、以前ほどの効果を発揮することは難しくなっています。

生地を販売して、洋服の作り方を教える「アトリエもめん」のスタイルも、今は洋裁をする人の絶対数がそもそも相当少なくなっていますから、違う戦略を練る必要があるでしょう。

ほんの少しの勇気を持つ

夢を叶えるためには、何でもいいから具体案を出して、結果を出していくことが大切だとお伝えしましたが、こうした行動に二の足を踏んでしまう人もいます。

それは、大きな行動を起こそうとするからです。

私が「アトリエもめん」をはじめたとき、自分にいい聞かせたことがあります。

「ほんの少しの勇気を持つ」ということです。

「アトリエもめん」の宣伝活動で、私は子どもとおそろいの洋服を作り、それを着て、幼稚園などに行き、チラシを配っていきました。

そこで「かわいい！」と評判となり、多くのお客様が来店するきっかけをつかみました。

そんな行動がとれたのは、ほんの少しの勇気を持ったからでした。

お店を開き、ただ店番をしているだけでは、お客様は訪れません。

ほんの少しの勇気を持って、宣伝活動を行ったから、お店は動き出したのです。

たとえば、あなたの夢が「積極的な性格になりたい」である場合、いきなり異業種交流会に参加するのは、きついはずです。

そうではなく、まずは〝ほんの少しの勇気〟を持って、一人でランチに行ってみるのです。


ほんの少しの勇気を持って行動すると、その勇気はどんどん肉付けされていき、少しずつ大きな勇気になっていきます。

ほんの少しの勇気を持つと、夢はどんどん実現に向けて、動き出すのです。

何でもいい。とにかくやってみる

犬も歩けば棒に当たる、ということわざがあります。

このことわざの意味を「でしゃばると思わぬ災難に見舞われるという戒め」と理解している人が多いのではないでしょうか。

私は、もう一つ意味があると思っています。

「じっとしていないで、何でもいいからやってみれば、思わぬ幸運に巡り合うというたとえ」という意味です。

私には今、着物をほどいて、その生地を使って洋服を作る趣味があります。同じ趣味の仲間もいて、彼女たちと、その洋服を着て、銀座などに出歩いています。

先日、こんなことがありました。

着物をリメイクした洋服を着て、四人の友人と散歩していると、とあるテレビ局から声がかかり、私たちがテレビに映ったのです。

私は自分の夢を持つと、一見、何の関係もないようなところにも、あらゆるところにフックをかけるようにしています。

着物をリメイクした洋服を着て、銀座を歩くのも、一つのフックです。

何が何につながるかなど、本当にわからないものです。

使い古された言葉ですが、「チャンスはどこに転がっているかわからない」というのは本当だからです。

夢を叶えるためには、犬も歩けば棒に当たるの精神で、何でも行動してみることが大切なのです。

ただ「がんばる」というだけや、失敗を恐れて、あるいはノウハウがないといって、一歩を踏み出さないでいると、棒に当たることはありません。

そうなると当然、夢が叶うこともありません。

化粧品という商材を扱っていることもあり、私が自分の肌をキレイに保つことや、身綺麗にしているのも、1つのフックです。誰かが、私の姿を見たときに「この人の化粧品を使ってみたい」と思うかもしれないからです。

どこかで誰かが見ているかもしれないというのは、「アトリエもめん」の運営をはじめて以来、何度も実感していることです。

フックをかける場所は、いろいろあります。

インターネットを使って、さまざまなフックをかけることも大切です。

でも私は **どんどんフックをかけていくには、外を出歩くことが何よりも重要**だと断言します。

外に出ると、フックをかけるためのヒントを得られることが多いからです。

家から出ると、いろいろな人と話す機会が得られます。

その結果、さまざまな〝情報〟を、自分自身に取り込むことになります。

情報は千差万別ですが、ときに自分の夢を叶えるために使えそうな「複数の〝内容の近い情報〟」と出会うこともあります。

それはフックになり得るものかもしれません。ぜひ、その内容のフックをかけて、チャンスを活かしていきましょう。

私の座右の銘を紹介します。

〝何をするのも、私の勝手でしょ！〟

その気持ちで積極的に「犬も歩けば棒に当たる」経験をしていってほしいのです。

ただ、**誤解してほしくないのは、「勝手にやる＝人に迷惑をかける」ではない**ということ。**節操を守って取り組む**ことは、忘れないでください。

手を抜かず、肩の力を抜く

「アトリエもめん」を運営しはじめた当初、私は、その日の売り上げが悪くても、あまり気にすることはありませんでした。

「うまくいけばいいな」くらいの軽い気持ちで、お店の運営をしていたからです。

「うまくいかなかったら、やめればいい」

そんな気持ちも持っていました。

なぜ、そのような軽い気持ちで、夢に向かえたのか。それは、何度もいうように無理のない範囲内で、お店を立ち上げたからです。

誰かにお金を借りたわけではないから、切羽詰まる要素はなく、その日、閑古鳥が鳴いても、まったく悲壮感はありませんでした。

さらにいえば「子どもが熱を出したら、店は休業する」というスタンスも持っていました。

夢への一歩を踏み出すときは、どうしても肩に力が入りがちです。
しかしながら、あまり意気込み過ぎると、自分を追い詰めていってしまいます。
そうなると、毎日がプレッシャーとなり、「もういいや!」と思ってしまいます。

クルマを運転する人はわかると思いますが、クルマのハンドルには必ず遊びがあります。少しハンドルを操作しただけでは、タイヤの角度が変わらないようになっているのです。
ハンドルの遊びがないと、少しハンドルを切っただけでタイヤが動いてしまい、運転がしにくくなってしまいます。

夢に向かうときも、ハンドルの遊びのような〝気持ちの余裕〟が必要だと、私は思います。遊びがないと、いつも緊張を強いられてしまい、プレッシャーだけが押し寄せることになります。

皆さんは、夢の一歩を踏み出したばかり。ぜひ「軽い気持ち」を意識してください。気持ちに余裕があると、「今度はこうしてみよう」とアイデアも膨らみます。そうして少しずつ、夢はカタチになっていきます。

そうするとごく自然に「軽い気持ち」はすーっと姿を消していきます。

それが成長というものなんだと、私は思います。

ただし、勘違いしてほしくないことがあります。

これは、**「手を抜く」という意味ではない**のです。

私が「アトリエもめん」の運営をしていたとき、商品などについて、クレームが入ったことは一度もありませんでした。

自分一人で実現できる夢であればいいのですが、その夢がお客様を相手にするものであれば、お客様に対しては、真摯に対応してください。

たとえば、オリジナルのカバンを販売するのが夢だったとします。

そのカバンを作って、販売する際は、完成度をできる限り高めることが求められます。使っていたら、すぐに取っ手がとれた、すぐに破れた、ほつれたでは、お客様の信用を失います。

何度も試作し、友人などに試用してもらうなどして改善点を探り、それから販売することが大切です。

「軽い気持ち」ではじめることは、「手を抜く」こととは一線を画すということを、肝に銘じましょう。

夢は〝相談〟しなくていい

ノートに書いた夢の内容について、皆さんは誰かに相談しようとしていませんか。
しかし、相談した時点で、その夢は、あなたの夢ではなくなります。
「え？」と、思いましたか？
本当です。
あなたの夢ではなくなるのです。

相談された側は、自分を頼ってくれていると思うものです。真剣な気持ちで、その夢を実現させるアイデアを考えようとしてくれる人も多いでしょう。
ただ、そのアドバイスを参考にしながら、夢の実現に向けて動きはじめたら、それは、誰かがかかわった夢になります。

こうなると、その後もいろいろと口出しされる可能性もありますし、「今、こんな感じなんだけど……」と、その人に頼っていくことになるかもしれません。

それはもう自分の夢ではありません。


また、相談をすると善意・悪意を問わず「やめておいたほうがいいよ」という否定的なアドバイスを受けることも大いにあり得ます。

特にママ友など、嫉妬が絡みそうな相手は要注意でしょう。

「こんな夢を実現されたら、差をつけられちゃう」と思うため、その夢を否定するのです。

マイナスなアドバイスを受けてしまっては、いつまでたっても、夢の実現に向けて、その一歩を踏み出せなくなります。


自分の夢は、誰にも相談する必要はありません。

ご主人に対しても「こういう夢があり、実現させます」という、いわば〝宣言〟であれば、問題はありませんが、〝相談〟は不要です。

皆さんがリストアップした夢は、誰かにお金の援助を受けて実現するわけではありません。だから相談する必要なんてないのです。

誰かに夢について話しをするのはいいですが、〝相談する〟ことは、百害あって一利なしなのです。

また、思い描く夢が大きなものであればあるほど、つい「仲間と一緒にやろうかしら」と思ってしまいがちです。

「一人だと難しそう。でも仲間がいれば、鬼に金棒だわ」――そう考えてしまうのです。

しかし、**夢は共有してもいけません。**

決してうまくいかないからです。

実は、私は一度、共同事業を行った経験があります。

フェイスパックの事業を行っている頃、酸素カプセルサロンの経営に乗り出したことがあるのですが、それがある男性との共同事業でした。

共同事業というものは、スタート時はお互いに思いは一緒なものです。一人で動くよりも、盛り上がりやすいといえます。「一緒に乗り切っていこう!」と、励ましあうこともできます。

しかし、事業を進めるうちに、お互いの思いは一致しなくなります。

特に、その事業がうまく回転しないと、そうした状況に陥りがちです。

私の場合が、まさにそうでした。

この先の運営方法について、方向性にズレが生じ、立ち行かなくなりました。その結果、酸素カプセルサロンの経営は、1年でとん挫してしまいました。

夢をノートに書き留めたら、もう誰にも相談するのはやめましょう。あるいは、誰かと一緒にやろうという考え方も捨ててください。

夢は、あなただけのものです。

何をするにも、あなたの勝手なのです。

そう思ってください。

4章

夢を叶えるために必要なこと
――余計な〝雑音〟に惑わされないために

必死ではなく、夢中でやる

私には嫌いな言葉があります。

それは「必死」です。

夢の話になると、「必死にがんばる」という人がいますが、その言葉には、ゆとりが感じられません。ハンドルの遊びがない状態ともいえます。

必死は「必ず死ぬ」と書きます。

2章で〝言霊〟について触れました。言葉に宿っていると信じられている不思議な力のこと――それが言霊です。

「必死」という言葉には、マイナスの言霊が宿っていると、私は思います。

必死にがんばっている人は、気持ちにゆとりがなく、いっぱいいっぱいの状態に陥りがちです。

その姿を見た人は、その人に対して、こんな印象を抱くものです。


「何かつらそうだなぁ……」

「近寄りがたいなぁ……」


そうなってしまうと、あまり応援したい気持ちにはならないものです。

だって、その人の顔に「必死」と書いてあるのですから……。ちょっと引いてしまうのが、普通の感覚です。


私は「アトリエもめん」の経営以来、決して「必死」にはなりませんでした。

ただ「夢中」になって、その仕事に取り組みました。

たとえば趣味の話をするとき。

それが洋裁だったら、

「洋服を作ることに夢中になっています」
といいませんか？
決して、
「洋服を作ることに必死です」
とはいわないはずです。

趣味の話をするときに、なぜ、〝必死〟ではなく〝夢中〟という言葉を使うのでしょうか。それは楽しいことだからに違いありません。

夢中で取り組んでいる姿を見ると、見ている側もうれしくなり、思わず応援したい気持ちになります。

夢を叶えるには、人の応援はとても重要です。

しかし、笑顔もなく〝必死〟の形相でいたら、印象は悪くなり、売れるものも売れなくなってしまいます。

一方、笑顔の絶えない人が扱う商品は、さらに輝きを増し、多くのお客様の手に取ってもらえるようになります。

夢中は「夢の中」と書きます。

さぁ、夢中になって、夢を叶えていきましょう。


また、家事や育児などの家庭の時間も、楽しい気分で取り組んでください。

「仕事と家庭の両立」という言葉があります。

この言葉は、そもそも存在しないと、私は思います。

両者は両立させるものではなく、一つの線でつながっているもののはずだからです。

24時間という線の中に、仕事も家庭も、夢を叶えることも存在しています。

すべては切り離せません。

それゆえ、一方が楽しくないと、もう一方も楽しくなくなってしまいます。


プライベートでも、子育てをしたり、料理をしたり、掃除をしたりと、いろいろな案件をこなしていかなければなりません。

自分一人の空間ではないため、気が立つこともあるでしょう。

それでも、笑顔でいてほしいのです。

何度も繰り返しますが、必死はダメです。

それは家庭のことでも同じです。「やらなければ」という気持ちで必死にやってしまうと、家族はその気持ちを敏感に察知します。

「なんでそんなにピリピリしているんだ！」と、夫婦喧嘩に発展してしまうこともあるでしょう。そうなると、当然、家族間の雰囲気はぎくしゃくしてしまい、自分自身の気分も沈んでしまいます。

これでは、仕事や夢に取り組むときにも、その気持ちを引きずってしまうことになり、歯車が合わなくなってしまいます。

家庭のことも、夢中になって取り組めば、自然と笑顔が出てきます。
そんな**プラスのオーラが出ると、夢を叶える取り組みにも、仕事にも、プラスの影響をもたらします。**

仕事のことも、家庭のことも、夢中に！

その気持ちが大切なのです。

出過ぎた杭を目指す

皆さんが「私はできる」と信じ、夢を持つようになると、必ず、あなたをやっかむ人が出てきます。中には「あの人って……」と陰口をたたく人もいるでしょう。

そうすると、こう悩んでしまう人もいます。

「もしかして嫌われている？　どうしよう」


はっきりいいます。

そんなことで悩む必要はありません。


そういう人は、自然とあなたの前から姿を消すからです。

私が「アトリエもめん」を経営し、雑誌などに取り上げられるようになると、そのことをやっかむ人で溢れました。多くの陰口もたたかれました。

でも、私がその後、フェイスパックの事業に乗り出すと、そうした人々は私の前から消えました。

入れ替わるようにして、別の人たちが嫉妬しはじめました。

でも、ルーマニアの化粧品を販売するようになると、消えました。


人が嫉妬するのは、同じ土俵にいるからなのだと思います。

皆さんが夢を持ち、その夢をどんどん叶えていくと、やっかむ人は必ず離れていきます。もっといえば、あなた自身が彼女たちに関心を持たなくなります。

だから、もし夢を叶える過程で、人から嫉妬されて、陰口をたたかれても、気にする必要はないんです。

出る杭は打たれるけれど、出過ぎた杭は打たれない、というわけです。

実は私は、そういう人が現れると、自分が次のステージに向かう機会ととらえます。するとエネルギーが満ち溢れて、やる気スイッチが押されるのです。

いいことが起きてもやる気スイッチはオンになりますが、嫌なことのほうが、それが反発力となるため、やる気スイッチのパワーは大きくなると私は実感しています。

私が昔、ネットワークビジネスに乗り出そうとしていたとき、親友だった女性から、こういわれたことがあります。

「もうあなたとは絶交する」

さすがの私も、この〝絶交〟という言葉には、大きなショックを覚えました。

でも、この嫌なでき事は、私のやる気スイッチをオンにしました。

「これに夢中で取り組んで、成功させてみせる！」

今振り返っても、あの〝絶交〟という言葉があったからこそ、今の私があると思っているほどです。

自分の夢を叶えるにあたり、人に迷惑をかけるのはご法度ですが、誰にも迷惑をかけずに、夢に立ち向かっているのであれば、こう思ってください。

「離れていく人は、離れていけばいい。さようなら」

人は〝見た目〟で相手を評価する

「私、いくつに見えますか？」

そう聞かれることがよくあります。

そんなとき、私は返事に困ります。


その日も、ある女性から、こういわれました。

「いくつに見える？」

その人を見て「60歳は超えているだろうな」と思うのですが、本人はもっと若く見られると思っている節があります。となると「60歳」と答えるわけにはいきません。

「55歳くらいですか？」

すると、その女性の表情は曇り、こういうではないですか。

「え！　私、50歳になったばかりなんです」

女性が夢を叶えようと一歩を踏み出したとき、私は〝美〟が大きなアドバンテージになると実感しています。

人というものは、見た目の印象で付き合うからです。ぱっと見たときに「ヘンだな」という印象を抱いたら、決して近づくことはないでしょう。

私は現在、72歳です。

すると大半の人が「えーーーー！」とびっくりします。そうして「今年一番のびっくり！」といって去っていきます。

人は見た目年齢で、相手を評価します。

だから私は人から年齢を聞かれると、進んで「72歳なんです」と実年齢を答えるようにしています。

「なんでそんなに若いの？」「何を食べているの？」「どんな化粧品を使っている

の？」「運動は？」

そんな質問が矢継ぎ早に飛んできます。

そうなんです。

私は〝美〟を有効活用し、自分の事業である化粧品の商売を行っているのです。

もし私が〝年相応〟だったら、私の扱う化粧品を使いたいと思うでしょうか。

私が〝年不相応〟に見えるから、私の扱う化粧品を使いたいと思うのです。

これは化粧品に限定された話ではありません。

どんな夢であっても、見た目の良さが、足かせになることはありません。プラスにしかならないのです。

「この人は噛めば噛むほど味が出る」

そんなふうに人を紹介する人がいます。

友人であれば、長く付き合っていくのですから、そういう人も大事に付き合っていこうと考えるでしょう。

しかし、仕事上であれば、そんな時間の猶予はないはずです。

ぱっと見の良さのほうが、有利なのです。


顔のつくりは、変えることはできません。

整形手術という方法もありますが、抵抗のある方も多いことでしょう。

しかし肌であれば、いくらでも美しくできます。

特に年を重ねていくと、顔のつくりよりも、肌の美しさが見た目の印象度をアップさせると、私は常々思っています。


テレビでベテラン女優さんを見かけたとき、顔のつくりは良いのに、肌がシワシワしていると「年を取ったなぁ」と思うものです。

一方、顔のつくりは普通でも、肌がキレイなタレントさんを見ると「いつまでもお若いなぁ」と感じるはずです。

皆さんは今、夢に向かっています。

ですから〝年不相応〟になれるはずです。

毎日は刺激に満ち溢れていて、感覚は研ぎ澄まされ、カラダの中の細胞が若くなっているからです。今後ますます、顔や表情、考え方、所作など、あらゆる部分で若さが保たれていくでしょう。

もちろん、そのことに満足せずに、お肌の手入れにも、手を抜かないでください。ヨガをしたり、ジョギングをしたりと、若さを保つ努力も重ねていきましょう。

キレイでいれば、その夢が叶う確率も、スピードも、速くなるのです。

資格は「足の裏の米粒」

「足の裏の米粒」という言葉を知っていますか？

たとえば資格です。

〝取っても食えない〟という意味で、それは足の裏に付いた米粒と一緒ということ。

私は、この言葉を100％正しいと思っています。


夢を思い描いたとき、それが資格を取らなければ実現しないものであれば、もちろんがんばって取得すべきです。

たとえば、医師や弁護士は、その資格を取ることが、仕事をはじめる前提条件です。

意外なところでは、クリーニング業を営むためには「クリーニング師」の免許が必要だったりもします。

つまり、自分の思い描く夢が「幼児服をぴっかぴっかにキレイにする事業」だとしたらクリーニング師の免許は必須でしょう。

そうした資格（免許）がなければ、夢を叶えられないのですから。


しかしながら、この世の中にある資格のほとんどは、取ったところで、何の役にも立たないものばかりです。

「でも、自分のキャリアのマイナスにはならないから……」

そんな声も聞こえてきそうですが、実は、マイナスになるんです。

名刺交換をしたとき、名刺の裏に取得した資格をズラリと載せている人って、ときどき見かけますよね。

そういう人と対面すると、私はこう思ってしまいます。

「この人って、自信がないんだろうなぁ……」

そうした印象を与えてしまうことは、その人にとって、マイナスでしかないと、私は思います。

また、そのような資格を取ることで、夢が遠のいてしまいます。

資格という〝鎧〟をまとうことになるからです。

資格を取ると、どうしても「この資格を生かしたい」という考えに束縛されがちです。

資格の数が増えれば増えるほど、鎧の枚数は増え、どんどん自分の本質を失っていきます。新しい展開を図ろうとしても、その資格が邪魔をして、行く手を阻むことになります。

そんなのって、楽しいでしょうか。空虚な気持ちになるだけではないですか？

やはり資格は、足の裏の米粒です。


資格なんかに頼らず、生身の自分自身で挑みましょう！

ときどき〝夢〟から離れてみる

私の一番の趣味は、海外旅行です。

買い物をしたり、絶景を楽しんだり、あるいはホテルの部屋でのんびり過ごしたりしています。

私が海外旅行に行く理由は「頭の中を空っぽにするため」と「会話の幅を広げるため」です。

事業を営んでいると、あるいは夢への一歩を踏み出していると、頭の中は、そのことだけでいっぱいになりがちです。

99ページで私は、夢に向かうときは、ハンドルの遊びのような〝気持ちの余裕〟が必要だとお伝えしましたが、それとは別に「頭の中を空っぽにする」時間を作ることも大切です。

頭がいっぱいだと、夢を叶えるためのヒントが来ても、取り逃がしてしまいます。

私は海外旅行以外でも、「頭の中を空っぽにする」時間を作っています。

軽井沢に別荘があるのですが、暖かい季節の週末は、そこで過ごすようにしています。窓の外には、雄大な浅間山が凛として佇んでおり、それをただ眺めているだけで、頭の中は空っぽになります。


頭の中を空っぽにする時間は、どんなものでもいいのです。

たとえば、毎日1時間、公園を散歩するのでもいい。公園のブランコで、ぼーっとするのが好きなのであれば、それでいいのです。


そうした時間を作ると、いいアイデアを受け入れる態勢が整います。

夢をつかむには、そのチャンスを逃さないために、あらゆるところにフックをかけることが大切ですが（96ページ参照）、頭を空っぽにする時間を作っておくと、フックがひっかかりやすくなります。

また、「アトリエもめん」の経営やルーマニアの化粧品の販売を通じて、売れるかどうかのカギを握るのは「会話」だと痛感したのです。そして会話のクオリティを上げるには、会話の幅を広げることが大切だと、私は思っています。

化粧品を売りたいからといって、その化粧品の効能を話し続けたのでは、お客様はこう思います。

「何か押し売りみたいだわ」

海外旅行に行くと、さまざまな経験をします。

その国の名所のこと、その国の人々のこと、あるいは移動中のこと……。

思わぬハプニングだって起こります。

化粧品を販売するとき、そうした話題も盛り込みながら会話をしていくことで、会話の幅が広がり、相手は、化粧品だけではなく、私自身に興味を持つようになります。

販売する側が笑顔もなく〝必死〟の形相でいたら、お客様は、その店では決して買いません。

会話の内容も一緒です。

セールストーク一辺倒では、お客様はそのお店を敬遠します。

会話の幅を広げるには、いろいろなものを見たり、読んだり、感じたり、話したりすることに尽きると思います。

いろいろな引き出しを持って、会話を楽しんでいきましょう。

「直感」はバカにできない

私はこれまで、さまざまな夢を思い描き、実現してきました。

フェイスパックの販売。

ルーマニア化粧品の販売。

「スイーワ」や「コイーナ」といったオリジナル商品の販売。

そのすべては大きなプロジェクトであり、私の中でも「うまくいくかな」という葛藤は、もちろんありました。

それでも私は、自分の直感を信じました。

「この事業はうまくいく」という直感です。

フェイスパックを販売することになったのは、知人男性からの「代理店になりませんか?」という打診がきっかけでした。その後、「販売元になってほしい」と話が変わったことは、40ページで触れました。

事態の急変に、一抹の不安を覚えたのは事実ですが、私には「絶対にうまくいく」という直感がありました。

その知人とのやりとりを通じて、直感で「うまくいく」と感じたのです。

私が自分の「直感」に従ってもいいと思えたのは、失敗を恐れなくていい理由があったことも大きかったのです。たとえ失敗しても、自分のお金がなくなるだけだから、乗り越えられると考えていました。

フェイスパックの事業は、これまでの仕事で得た利益をもとに行うことが絶対でした。だからこそ、私は「直感」に従ってもいいと思ったのです。

もし、その事業を行うにあたり、かかる費用が自分のお金の範囲を超えていたら、私は「直感」に従わなかったと思います。

新しい夢を見出したり、夢を実現させていく過程では、ときに「直感」に賭けてみてください。直感を否定し、行動を起こさずにいると、せっかくのチャンスがスルリと逃げて行ってしまいます。

自分のお金の範囲内であれば、誰にも迷惑はかからないのですから、「絶対にうまくいく」と直感が働いたなら、前向きにチャレンジしてみてもいいのではないでしょうか。

一つ夢を実現したら次の夢へ

「アトリエもめん」を運営し、多くのお客様が訪れる店に成長させたとき、私はネットワークビジネスの道に進み、さらにその後、フェイスパックの輸入販売という事業に乗り出す選択をしました。

それらの夢は「アトリエもめん」の時代には、決して思い描かなかったものでした。階段を一段上がったからこそ、現れた新しい夢だったといえます。

一つ夢が実現したら、その段階でノートに書かれているまだ手を付けていない夢を、じっくりと眺めてみましょう。

「この夢も叶えたい！」

という夢と、

「もうこの夢はいいや」

という夢に二分されるのではないでしょうか。


あなたが階段を一段上がった瞬間です。


「もうこの夢はいいや」という気持ちは、同時期に挙げた夢を実現したことで、あまり魅力を感じなくなったから生まれたものです。

夢を書き込んだノートを1枚めくり、まっさらなページを開きましょう。

そして、一番最初に書き込んだ夢リストの中から「この夢も叶えたい！」というものを再度、書いていきます。

さらに、階段を一段上がったことで、見えてきた「新しい夢」も書いていきます。

どんな「新しい夢」が浮かび上がるのでしょうか。


私が2005年に、ルーマニアが国家プロジェクトで作った「ジェロビタール化粧品」と出会い、大きな成功を収めることになったのは先にもお話ししたことですが、一方で、この商材だけに頼るのは危険だと感じるようになっていきます。

ルーマニアの化粧品は、国家が化粧品メーカーを指定して、そこが製造するスタイルです。そのメーカーから私たちは商品を輸入していたわけですが、場面場面で日本では考えられないようなことが、頻繁に起きていました。

「6月8日までに納品をお願いします」

そうコンタクトを取ると……。

「いえ6月4日から20日までは、○○休暇のため稼働していません」

「××を仕入れたいのですが?」

そう発注すると……。

「その商品は瓶の在庫がないので、製造できません」

「△△を追加で発注します」

そうすると……。

「その商品は今月で製造中止にしました」


こんなことが日常茶飯事なのです。

もちろん人気のある商品ですし、リピーターも多くいたので、付き合いをやめる選択肢はありません。

しかし、この化粧品だけに頼っていては、リスクが大き過ぎる――その不安は年を追うごとに募っていきました。

そこで、私はオリジナル商品の開発を目指すことにしました。1大看板ではなく、オリジナル商品とルーマニア化粧品の2大看板で勝負することにしたのです。


こうして誕生したのがオリジナル化粧品「スイーワ」でした。

さらに2015年には、ルーマニア化粧品と「スイーワ」のいいとこ取りをした新オリジナル化粧品「コイーナ」も開発します。

このオリジナル化粧品の開発は、フェイスパックを販売していたときや、ルーマニア化粧品の輸入販売をはじめたときは、まったく浮かび上がらなかった「夢」です。階段を一段上がったからこそ、私は「不都合」を感じ、オリジナル商品を開発する時が来たと思ったのです。

私の例は、皆さんにとっては〝できすぎ〟と思われるかもしれません。

しかし、新しい夢をリストアップする際の方法は、同じだといえます。

ぜひ「新しい夢」を新しいページに書いていってください。

5章

どんな一大事も地球から見れば〝米粒〟
——失敗するのは「あたりまえ」

「私には乗り越えることができる！」

夢の実現に向かって、その歩みを進める中では、ずっと順風満帆というわけにはいきません。

「うーん、どうしよう」と、立ち往生することもあるかと思います。
「もうダメだ」と、あきらめの気持ちが先に立ってしまうこともあるでしょう。
ときには、涙を流すこともあるかもしれません。

でも、大丈夫です。
すべて乗り越えられます。

皆さんは「背伸びし過ぎた夢」をリストアップしていません。

3章でも触れましたが、背伸びし過ぎた夢は、経験値が追いつかないという、致命的なデメリットがあります。

そうすると、四六時中、「うーん、どうしよう」と、頭を悩ますことばかりが起こります。背伸びし過ぎた夢の「うーん、どうしよう」は、残念ながら乗り越えることはできません。それ相応の経験値を積んで、出直すしかありません。

しかし、**皆さんの夢は「身の丈にあった夢」**。いくら**「うーん、どうしよう」という事態になっても、その試練は、身の丈にあったものであり、絶対に乗り越えることができる**のです。

私は2011年に、税務署から追徴課税を支払うように求められました。

その額、なんと1億円です。

「そんなお金ありません」というと、税務署は、私の会社の銀行口座のほか、私個人の銀行口座まで、すべてをロックし、お金を動かせない状況にしました。

「何とかなりませんか？」というと、こういう言葉が返ってきました。

「そんなこと知りません。あなたの会社が潰れようと関係ないですから」

私は「税務署って恐ろしい」と思うしかありませんでした。

何年も前のことであり、申告をしっかりして納税していたと思っていたからです。

そして、相当落ち込みました。

このことを知人の占い師に相談すると、こういわれました。

「1億円の穴が開いたってことは、あなたはもうその穴を埋めるノウハウを持っているということ。これからの人生でプラスに働くわよ」

この言葉を受けて、私の落ち込んだ気持ちはスーッと消えました。

会社はすっからかんになりましたが、何とか1億円を支払い、私は新しいステージに立つことができました。

この事態を乗り越えることができたのは、いうまでもなく、ルーマニアの化粧品を販売する事業が、私の身の丈にあったものだったからです。

「アトリエもめん」の時代であれば、こんな事態には、当然なりません。

フェイスパックの販売をしていた頃も、起こり得ません。

もしルーマニアの化粧品事業を、私が多額の借金をして、身の丈にあっていない状態で行っていたら、間違いなく会社を畳むことになり、まわりに相当な迷惑をかけていたと思います。

しかし、私は一歩一歩階段を上がっていき、この事業にたどり着いていたため、背伸びをしていなかった。

その夢が身の丈にあっていれば、身の丈にあった災難しか降りかからないのです。

ですから、何か災難にぶつかったときは、自分にこういい聞かせてください。

「この悩みや試練は、私が解決できる範囲内のこと。私には乗り越えることができる！」

そうして前向きな気持ちになって、その災難に立ち向かっていきましょう。

悩みや試練は「竹の節」

私は、**悩みや試練は「竹の節」**だと、いつも考えています。

竹には節があります。

この節があるから、大雪や強風にあっても、竹は折れません。節が伸び縮みしながら、全体を大きくしならせることで衝撃を緩和しているからです。

節のないウドだったら、すぐに折れてしまうでしょう。

税務署に1億円の追徴課税を払った後、私は、これまでの自分のビジネスを振り返りました。

そこには、あまりに急ぎ過ぎていた自分の姿がありました。

これではまわりが見えない。それが税金面での甘さにつながったのではないか。

私はこれまでの事業の進め方を見つめ直し、良い面は引き継ぎながら、悪い面は一切を改めようと決心しました。

その姿を見た前述の占い師からは、こういわれました。

「税務署からの指摘が入らず、そのままだったら、あなたは鼻持ちならぬ人になっていたかもしれない。追徴課税されて良かったのよ」

この言葉を受けて、私は心からうなずいていました。

悩みや試練は「竹の節」であり、それが多ければ多いほど、節は増えて、人を強くしていきます。

追徴課税1億円という試練は、私に太い節をつけてくれました。

悩みや試練は、自分を成長させる「竹の節」だと思えれば、悩んでいること自体が楽しくなります。だって、その悩みによって、節が増えるのですから。その結果、自分が強くなれるのですから。

このマインドになると、その悩みに対して、マイナス思考ではなく、プラス思考で立ち向かうことができるようになります。

プラス思考を持てば、笑顔で取り組むことができます。夢中で取り組むことができます。それは、あなたに大きな力を与えてくれるはずです。

壁は自分で作っている

夢を追いかけて、何か試練が訪れると、

「大きな壁が立ちはだかってしまった……」

と思う人がいます。


私は「壁」という言葉が嫌いです。

山登りをするとき、目の前に大きな崖が広がり、迂回しなければならないことがあります。その崖は、確かに「壁」だといえます。

しかし、皆さんが夢を叶える途中で、何か試練が訪れたとき、本当に壁は立ちはだかっているのでしょうか。目の前には、いつもと変わらない風景が広がっているはずです。

その壁は、想像の壁です。自分の心が作り上げた、ただの〝想像〟でしかありません。

私が1億円の追徴課税の支払いを求められたとき、私の前には「実際の壁」なんて、立ちはだかっていませんでした。いえ、正直にいうと、知人の占い師に相談する前は、大きな壁が立ちはだかったと、大きく落ち込みました。

税務署の強気な態度を見て「もうダメかもしれない」とも思いました。

「この壁は、ちょっと尋常じゃない。もう無理かも」という気持ちになったのです。

でも、知人の占い師に「これからの人生でプラスに働くわよ」という言葉をもらって、「私はできる!」と思い直しました。

そして気づいたのです。

「壁って、自分で作っているだけなんだ」

自分で想像の壁を作ってしまうと、それが〝逃げ道〟になってしまいます。

私自身がそうであったように、「壁があるから無理」と思考してしまいがちなのです。

一度逃げ道を作ると、気持ちが楽になります。その結果、どんどん逃げていくようになります。

「だって壁があるんだもん。仕方ないよ」と——。

想像の壁は、自分が思い描いた夢を奪い去る、嫌な存在です。

夢に向かう途中で「壁が……」という事態になったら、一度冷静になって、自分が何を「壁」と思ったのか、思いを巡らせてみましょう。

私のケースでいえば「1億円を税務署に支払う」ということが「想像の壁」です。

でも、冷静に考えると、すっからかんにはなりますが、1億円は何とか支払うことができる額でした。その後を考えても、売り上げは順調だったため、出直すことは十分可能でした。

どうでしょうか。

それって壁じゃないですよね。

〝気分を上げる〟方法を持とう

あなたの「壁」は、自分の心が作り出したもの――。
そうお伝えしましたが、それでも壁の存在を感じてしまうことは、あるかもしれません。

悩みや試練がやってきたとき、私がいつも行うことがあります。
笑わないでくださいね。
大事MANブラザーズバンドの『それが大事』を歌うのです。
税務署から追徴課税の支払いを求められたときも歌いました。
フェイスパックの契約解除をいい渡されて落ち込んだときも、もちろん歌いました。

『それが大事』を歌うと、私は前を向けます。

皆さんの夢は「身の丈にあった夢」ですから、その過程で悩みや試練がやってきても、必ず乗り越えることはできます。

しかしそれでも、人間は弱い動物ですから、前に進む自信が持てなくなることはあります。「想像の壁」とわかってはいても、その壁を頭の中から排除できないこともあるでしょう。

そんなとき、自分の気持ちを上げる方法を知っていると、その勢いが勝り、想像の壁を消し去ることができるのです。

私にとってそれは『それが大事』を歌うことですが、何か趣味に没頭するのもいいかもしれません。

私の友人は「屈伸運動すると、壁の存在がスーッと消える」といっていました。

それも、すごくいいと思いませんか？

想像の壁を、屈伸運動で取り払おうとしている友人の姿——私は大好きです。

自分の気持ちを上げる方法は、一つだけではなく、いくつかあると、いろいろな場面で、あなたの力になってくれます。

たとえば、ちょっとつらいことのあった一日。

皆さんは、どのように一日を終えますか？

「何かダメダメな一日だった……」

そんなふうに、ため息をついてはいませんか？

一日の終わりは「今日はいい一日だったな」というようにしようと、2章でお伝えしました。

「今できることは、今すぐやる」の気持ちで、「今日のことは、今日片づけた」のだから、トータルで見ればいい一日だったと、前を向けるはず——だから「今日はいい一日だったな」でいいのだと、お伝えしました。

でも、悩みを抱えているときは、その悩みを次の日に持ち越してしまうこともあります。その場合は、つい「ダメな一日だった」とグチをこぼしてしまいますよね。

実は私にも、そんな日はあります。

そんなとき私は、後ろ向きにならず、前を向いて一日を終わらせるために、自分の気持ちを上げる努力をします。

『それが大事』を歌うことと、もう一つ。

自分が好きなものを買うことです。

別に高いものでなくても、そうすると気持ちは自然に上がり、落ち込んだ気持ちがスーッと消えてしまいます。

私にとっては、悩み事などを消し去ってしまう秘密兵器なのです。

いかがでしょうか。

何かつらいことがあったり、困難なことがあったとき、自分の気持ちを上げる方法を知っていれば、それらを乗り越える手助けになってくれます。

私たちは生きているのですから、当然、つらい事柄も起こります。一方で、楽しい事柄も起こります。

つらい事柄と楽しい事柄があると、どうしても人は、つらい事柄に気持ちを引っ張られてしまいます。でも、それでは全体が澱んでしまいます。

ちょっと強引にでも、「楽しい事柄」を自分の中に入れるようにしましょう。つらい事柄は、見て見ぬふりでＯＫ。

すると不思議なもので、つらい事柄は楽しい事柄の影に隠れるようになるのです。

困難をズームインしない

皆さんは、友人が困った事態になっているとき、こう感じたことはないでしょうか。

「そんな思い悩むことでもないのになぁ」

実際に、こう声をかけたこともあるのでは？

「そんな気にすることじゃないと思うよ」

反対に、あなたが困難にぶつかっているときも、友人から同じようにいわれたこと、ありませんか？

ね？　あるでしょう？

なぜ、そのようなことが起きるのかといえば、自分の身のまわりに起きた問題は大きくとらえがちだからです。

悩みや試練がやってくると、頭の中は「緊急事態がやってきた！」といっぱいいっぱいになります。

緊急事態だけしか見えなくなると、こう思ってしまいます。

「もう無理だから！」

一方、友人が直面している困難は、あなたにとっては、いわば〝他人事〟。冷静な目で、その困難を見つめることができます。

そうすると、その困難はたいした困難じゃないことがわかるのです。

自分自身に困難が訪れた場合、こう思ってください。

〝どんな一大事も地球から見れば米粒〟

私たちは、友人の困難に対しては、引いて見ることができるため、冷静な判断をすることができます。

一方、自分の困難に対しては、顕微鏡で見るかのように寄って見てしまうため、困難が大きく感じられてしまうのです。

困難がやってきたら「どんな一大事も地球から見れば米粒」と口にして、俯瞰で物事を見るようにしてほしいのです。そうすると、自分が直面している困難が、実はちっぽけなものであることに気づくはずです。

気づいてしまえば、やがて解決策のヒントが見えてくるはずです。

昨日より今日。今日より明日

悩みは時間が解決する。

この言葉は昔からあります。

「そんなにうまくいくはずはない」と反論する人も多いでしょう。

でも私は、**悩みは時間が解決することが多い**と思っています。


自分が行動しなくても、状況は常に変化しているため、あなたを取り巻く環境は、今日と1週間後では違うものになっています。

たとえば、苦手なママ友がいたとしても、子どもが小学生になれば、自然と距離を置くようになり、そのママ友の存在は消えていきます。

悩みがあったとしても、私たちは日々の生活を営んでいかなければなりません。

その日々の中で、何かしらの経験を積んでいます。

その経験の積み重ねは、いうまでもなく、自分の成長にほかなりません。

昨日よりも、今日。

今日よりも、明日。

私たちは確実に成長しているのです。

あなたの悩みは、1か月後には悩みではなくなっているかもしれません。その1か月でつちかった経験が、悩みを解決する糸口になるかもしれないからです。

また悩みというものは、時間が経過すると、薄れていく傾向にあります。

時間の経過とともに、新しい記憶が蓄積されていくので、その悩みは、記憶の底にしまわれていくからです。たとえば、身近な人の死に直面し涙で明け暮れていても、時間が経過すると、その寂しさは薄らいでいくものです。

もちろん、夢を叶える中で浮上する悩みは、解決する必要のあることも多いのですが、中には、放っておいていい悩みもあるはず。それは、時間が解決してくれるのです。

大変とは「大きく変わる」こと

私たちは、困難に見舞われると、つい「大変」という言葉を口にします。
国語辞典（デジタル大辞泉）を開くと「大変」は、こう説明されています。

1　重大な事件。大変事。一大事。
2　物事が重大であること。また、そのさま。
3　苦労などが並々でないこと。また、そのさま。

「大変」という言葉は、ずいぶんとネガティブな意味合いであることがわかります。
これでは気持ちもネガティブになってしまいます。

けれども、私は「大変」という言葉には、ポジティブな印象しか感じません。

「大変」という言葉を、じっくり観察してみてください。

「大変」は「大きく変わる」と書きます。それは自分を成長させることなのです。

だから、悪いことではなく、いいことなのです。

あなたが大きく変わる瞬間――それが「大変」なのです。


夢を叶える途中では、いろいろな悩みや困難、挫折がやってくるものです。

まさにそれは「大変」な事態かもしれません。

でも、その「大変」は、あなたをどん底に落とすものではなく、あなたを次のステップにいざなう役割を担っています。

私はこの本を通じて、夢は一歩ずつ、叶えていくものだということを何度もお伝えしてきました。

そして夢を実現したら、それは階段を一段上がった瞬間だとお伝えしました。

夢を叶えるための「一歩」、夢を実現し、今よりも高いところに上がる「一段」――これらの原動力になるのが「大変」という事態なのです。

エピローグ

過去と他人は変えられないが、未来と自分は変えられる
――考え方が変わると景色が変わる

実は、私が会社を作ったのは、フェイスパックの販売業を営む上で、法人化する必要性が生じたからです。

ですから、なりゆきで法人化しました。

個人事業主だった「アトリエもめん」。

↓

法人化したフェイスパック事業。

ただ、法人化して、はっきりと気持ちの変化が起こりました。

「アトリエもめん」の時代、私は、自分しか見ていませんでした。

社会貢献を視野に入れながら、事業をスタートさせる人もいますが、私には、そんな気持ちはまったくありませんでした。

しかし、Ｙｏｕｍｅを設立し、従業員を雇い、事業を行っていく中で、少しずつ考え方が変わっていったのです。

私の中に「社会に貢献する」気持ちが芽生えていったのです。

社会貢献というビジョンは、私が、一つひとつ階段を上がっていった結果、見えてきたことなのだと思います。いきなり何もないところから「社会貢献を果たす」という夢を思い描いても、それは時期尚早というもの。

志はすばらしいと思いますが、背伸びし過ぎた夢なのかもしれません。

従業員の社会保険を整備し、税金を支払うようになり、会社というものの重みを感じたときに、私は自分が社会の一員になったと感じるようになったのです。

もちろん、個人事業主のときも税金は払っていました。でも、社会の一員という気持ちにはなりませんでした。

やはり従業員を雇い、社会的な責任を負うようになったことが大きかったのかもしれません。

私は、会社を作ることを推奨しているわけでは、決してありません。

皆さんにお伝えしたいのは、一歩一歩、夢の階段を上がっていくと、いろいろな世界が広がっていくということなのです。

「アトリエもめん」を経営しているとき、まわりからよくこう陰口をたたかれたものでした。

「あの人は、お金を稼ぐことばかりに夢中になっている」

お金を稼いでいない人にとって、お金を稼ごうとしている人は、どうにも我慢がならない存在のようです。出る杭は打たれる、というやつです。

でも、皆さんは、夢を叶える道を選びました。

出過ぎた杭になれば、そんな嫉妬の声は聞かれなくなるので、現時点で、陰口をたたかれていても、気にしないでください。

お金を稼ぐのは素敵なことです。

私は夫の給料をあてにした生活を送りたくないと思い、自分で稼ぐ方法を見つけようと、その一歩を踏み出しました。

「アトリエもめん」の経営をはじめて以来、私は夫の給与明細を見たことがありません。ボーナスがいくらだったのかも、知りません。夫は10数年前に定年を迎えていますが、いまだに退職金の額も知りません。

私は、夫が生涯どのくらい稼いだのかを、まったく知らないのです。

生活にかかわるお金はほとんど、私が出しています。

夫の給料をあてにしたくないわけですから、毎日25日になるとそわそわするような日々とは無縁で生きてきました。

ただ、夫にお願いしていたことが一つだけあります。

「出世は望まない。健康で長生きをお願いします」


会社で出世しても、それで健康を損なってしまえば、まったく意味がありません。

でも、夫のお金に頼り切れば、夫は出世を目指すしかなくなります。

妻から「あんたもっと稼いで」といわれたら、夫のプレッシャーは増すばかりで、それが精神上プラスに働くわけがありません。


私の夫は、おだやかに毎日を送ってきました。

これは私の想像ですが、夫は「自分一人がお金を稼がなくてはいけない」というプレッシャーを感じない分、楽しい人生を送ってきたのではないかなと思うのです。

それはすべて、私がお金を稼ぐ人生を歩もうと、その一歩を踏み出したからです。


若い頃、海外へパック旅行に行き、旅先で疲れ果てて、寝込んでしまった経験があります。自分のペースで動くことができず、秒刻みで、振り回されたからでした。

今、私は、海外旅行はすべて個人手配です。本当の自由な旅行を経験すると、ツアーの旅行は、かなり不自由であることを実感します。「今日は疲れた」と思えば、ホテルでのんびりしますし、「今日は買い物！」と決めたら、時間を気にせずに、ショップをまわります。

年に数回、海外旅行に行ってリフレッシュする機会も多く設けて、健康も維持しています。

そんな旅行ができているのも、もちろん自分でお金を稼いでいるからです。

これからの時代、お金の不安はつきまとうでしょう。

預貯金の利率は0・01％の時代です。給料や退職金が上がると期待するのは難しい一方で、消費税は上がるなど支出は多くなります。老後の生活を年金に頼るのも厳しそうです。

そんな時代である今、女性がお金を稼ぐということが重要になると、私は思うのです。そして、自分の夢を叶えながら、お金を稼ぐことができれば、それはなんて幸せな生き方なのでしょうか。

私は「アトリエもめん」の時代、自分がまさか会社を立ち上げるなんて想像もしませんでした。

法人化だけではありません。

ルーマニアの化粧品を扱うことだって、夢にも思いませんでした。

ルーマニアの化粧品やオリジナル化粧品の販促活動を、主にＤＭで行っていることは先にもご紹介しましたが、最近はＤＭに私だけではなく娘の写真も載せています。

今、娘は私の会社に在籍していますが、少しずつ、娘の露出を増やす機会を作っています。将来的に、事業をスムーズに移行させていくための戦略です。

このことも、私にとっては、想像もしなかったことです。

子育てをしながらでもできる仕事をしようと、「アトリエもめん」をはじめた私が、今は、その子どもと一緒に事業に取り組んでいる——誰がそのような日々を想像できたでしょうか。


これは私の「夢ストーリー」ですが、皆さんにもそれぞれの「夢ストーリー」が存在するのだと思います。

そう考えると、1冊のノートと、1本のペンを用意して、叶えたい夢を書き、「私はできる！」と信じて、実際にその一歩を踏み出すことって何かワクワクしませんか？
だってその夢の先に、その夢の先の先に、その夢の先の先の先に、今の自分では、想像もできない〝夢〟が待ち構えているのですから。

「私はできる！」と信じ、
あなただけの「夢ストーリー」をつづっていきましょう！

株式会社Ｙｏｕｍｅ
代表取締役
宮坂　由見

著者紹介

宮坂由見（みやさか・ゆみ）

株式会社 Youme 代表取締役

1947 年東京生まれ。1968 年ソニー株式会社に入社。広報部に配属。社内結婚ののち、出産を機に退職。
1978 年自宅の一室にて自らデザインを手がける服飾ブランド「アトリエもめん」を設立。
その後、ネットワークビジネスなどを経て、2001 年 53 歳で Youme 設立。
2005 年 2 月にルーマニアの国家プロジェクトであるジェロビタール化粧品と出合い、同年 3 月『ジュピターショップチャンネル』にて販売開始。3 時間半で 1 億 5 千万円を売り上げ、ソールドアウトする鮮烈のデビューを飾る。
2015年5月アンチエイジングに特化したオリジナル化粧品「Koiina」販売開始。
実年齢よりも 20 歳以上若く見られることもめずらしくなく、行く先々で「若すぎてごめんなさい！」と謝る日々。
「生涯現役」「アンチエイジング」のレジェンドとして日々活躍中。

●株式会社 Youme
http://www.youme-inc.tv/
●オリジナル化粧品　Koiina
http://www.koiina.com/

「私《わたし》はできる！」が、あなたを変《か》える！　〈検印省略〉

2019年　7　月　26　日　第　1　刷発行

著　者――宮坂　由見（みやさか・ゆみ）
発行者――佐藤　和夫

発行所――株式会社あさ出版
〒171-0022　東京都豊島区南池袋 2-9-9 第一池袋ホワイトビル 6F
電　話　03 (3983) 3225（販売）
03 (3983) 3227（編集）
F A X　03 (3983) 3226
U R L　http://www.asa21.com/
E-mail　info@asa21.com
振　替　00160-1-720619

印刷・製本 プリ・テック(株)
乱丁本・落丁本はお取替え致します。

facebook　http://www.facebook.com/asapublishing
twitter　http://twitter.com/asapublishing

ISBN978-4-86667-152-9 C2034